ABRÉGÉ

DES

SUCCESSIONS EN DROIT MUSULMAN

D'APRÈS

Le poème de la Tlemsâniya

ET

Le commentaire d'el A'snoûni

PAR

G. FAURE-BIGUET

IMPRIMERIE
JULES CÉAS & FILS
VALENCE

1912

ABRÉGÉ

DES

SUCCESSIONS EN DROIT MUSULMAN

D'APRÈS

Le poème de la Tlemsâniya

ET

Le commentaire d'el A'snoûni

PAR

G. FAURE-BIGUET

3587

IMPRIMERIE

JULES CÉAS & FILS

VALENCE

1912

AVANT-PROPOS

*La Tlemsâniya est un poème de 863 vers sur
le droit successoral musulman dû à Abou Ishaq
Ibrahim ben Abi Bekr el Tlemsâni connu sous le
nom de el Berri. Ce poème, que l'auteur composa
à l'âge de vingt ans, et qui fut terminé en 1239
après J.-C., a été l'objet d'un long commentaire
dû à Abou'l Hacen A'li ben Yahia ben Mohammed
ben Câlah el A'snôuni el Mor'eïli.*

*Le poème est extrêmement concis, come le
sont d'ordinaire ces poésies scientifiques destinées
à être apprises par cœur par les élèves et qui
nécessitent toujours un commentaire. Celui d'el
Asnôuni est d'un précieux secours pour l'intelligence des vers ; mais la manière dont les calculs
y sont présentés est souvent embrouillée et écourtée
précisément aux points où nous aurions besoin
d'un peu d'éclaircissement. En outre de la difficulté*

que présente l'interprétation de tout texte Arabe, on y trouve une difficulté spéciale très sensible dans un ouvrage scientifique ; je veux parler de ce qui nous paraît un manque absolu de méthode et qui n'est peut-être, après tout, qu'une méthode différente de la nôtre. Quand les auteurs arabes exposent une série d'idées ou de faits soit en histoire, soit en toute autre science, ils le font le plus souvent dans un ordre exactement inverse de celui qui nous paraît le plus naturel. On aurait tort de les accuser pour cela de manquer de logique ; ce sont seulement des habitudes d'esprit différentes des nôtres. Il y a là quelque chose d'analogue à la phrase allemande avec son participe destiné à éclairer tout le sens, et qu'il faut souvent se résigner à attendre pendant une demi-page ; heureux encore quand son arrivée n'est pas retardée par des phrases incidentes coupant la phrase principale ; et cependant cet instrument, dont l'usage est pour nous si pénible, a servi et sert encore merveilleusement à de grands maîtres de la pensée.

Ne nous hâtons donc pas trop de condamner ce que nous serions tentés d'appeler le manque de logique des auteurs arabes. Bornons-nous à l'invoquer pour excuse quand nous ne parvenons pas à interpréter convenablement leur pensée, come je crains que cela arrive plusieurs fois dans ce petit travail.

Je prie mes lecteurs, si jamais il s'en trouve, de ne pas s'étoner de l'orthographe qu'ils rencontreront. J'ai voulu doner une idée de ce que serait la réforme rationèle et définitive de l'orthographe, respectueuse à la fois de la prononciation et de l'étymologie, et se bornant à faire disparaître les anomalies. Ce changement, qui mérite à peine le nom de réforme, serait le complément des modifications qui n'ont cessé de se produire depuis Rabelais, mais qui ont été arrêtées brusquement quand notre orthographe a été come figée par le développement des journaux et des affiches, et par la diffusion de la lecture. On se convaincra facilement que ces changements, dont le programme n'a jamais été examiné sérieusement par ses adversaires, ne ressemblent en rien à un bouleversement.

CHAPITRE PREMIER

—

GÉNÉRALITÉS

❧

EN droit musulman, la législation des successions est d'origine religieuse ; par conséquent, en principe, elle est intangible. Mais il n'y en a pas moins une grande variété de doctrines, parceque les sources religieuses où cette législation prend son origine, c'est à dire le Coran et la Sounna (hadits du Prophète), sont loin de prévoir tous les cas. On y trouve seulement quelques indications générales et quelques cas particuliers. Pour tout ce qui n'était pas prévu, les jurisconsultes ont dû trouver eux même les solutions, mais en s'astreignant à les faire cadrer avec les préceptes fixes du Coran et de la Sounna, ce qui n'a pas toujours été facile.

Les préceptes relatifs aux successions se divisent donc en trois catégories : ceux du Coran et de la Sounna qui sont intangibles ; ceux sur lesquels tous les docteurs sont d'accord ; ceux pour lesquels il y a désaccord. Les deux premières catégories ont force de loi ; pour la troisième le cadi décide suivant la doctrine du rite auquel appartiènent les intéressés, ou du professeur dont il a suivi l'enseignement.

Cette diversité a valu aux successions une réputation bien méritée de complication. Toutefois il faut reconnaître que cette complication tient aussi à d'autres causes qui auraient pu être évitées. Come la plupart des savants musulmans, les successionistes se sont plu à chercher les combinaisons les plus rares, les plus invraisemblables pour créer des cas nouveaux et embarrassants. Ils discutent gravement une succession dans laquelle deux homes auraient épousé chacun l'aïeule de l'autre. On a écrit des volumes sur la position de l'hermaphrodite dans une succession ; on va jusqu'à examiner la position respective au point de vue successoral des enfants issus de deux mariages contractés par un même hermaphrodite, d'abord come home, puis come femme. Un grave savant affirme même qu'on a vu dans l'Iraq un hermaphrodite qui a été son propre époux, et que des enfants sont issus de ce singulier mariage. Quand on veut se borner à avoir une idée générale des successions musulmanes on peut laisser de côté toutes ces bizarreries qui semblent le fruit d'imaginations malades.

Enfin le calcul tient une grande place dans les traités des successionistes. Dans le poème de la Tlemsâniya plus du tiers des vers est consacré aux calculs. Dans la législation européenne il ne nous viendrait pas à l'idée de consacrer des chapitres entiers à la réduction des fractions au même dénominateur, et au partage en parties proportionèles. Enfin la manière dont ces calculs sont présentés diffère considèrablement de la nôtre. La part du raisonement y est presque nulle ; il semble que les successionistes se méfient de la faculté de raisoner de leurs élèves ; ils préfèrent s'adresser à leur mémoire, très grande d'ailleurs et leur présenter des formules empiriques toutes faites. Toute cette partie de la science des successions pourrait donc être laissée de côté. Néanmoins je serai obligé d'en parler parcequ'il est bon de se faire une idée de ces procédés de calcul, et parceque certaine partie d'entre eux, bien que n'étant pas conforme à nos usages, est assez commode, et peut, quand elle est bien présentée, amener quelques simplifications d'écriture.

Principes Coraniques.

Les versets du Coran où il est parlé des successions sont les suivants :

IV. — 12. — Dans le partage de vos biens entre vos enfants, Dieu vous ordone de doner au fils la portion de deux filles. S'il n'y a que des filles et si elles sont plus de deux, elles recevront les 2/3 de l'héritage. S'il n'y en a qu'une seule elle recevra la moitié. Les père et mère auront chacun 1/6 de l'héritage si le mort a laissé un enfant ; s'il n'en laisse aucun et si ses ascendants lui succèdent, la mère aura 1/3. S'il laisse des frères, la mère aura 1/6, legs et dettes acquittés.

13. — La moitié du bien d'une femme morte sans postérité appartient au mari, et 1/4 seulement si elle a laissé des enfants, legs et dettes prélevés.

14. — Les femmes auront 1/4 de l'héritage des maris morts sans enfants, et 1/8 seulement s'ils en ont laissé, legs et dettes prélevés.

15. — Si un home ou une femme meurt en état de kalala (sans laisser d'ascendant ni de descendant) en laissant un héritage, et s'il a un frère ou une seur, celui ci (quel que soit son sexe) reçoit 1/6 de l'héritage. S'ils sont plusieurs, ils concourent au tiers de la succession, legs et dettes prélevés,

16. — Sans préjudice des héritiers.

175. — Ils te consulteront. Dis leur : Dieu vous instruit au sujet du kalala. Si un home meurt sans enfants et s'il a une seur, celle ci aura la moitié de ce qu'il laissera. Lui aussi sera son héritier si elle n'a pas d'enfant. S'il y a deux seurs, elles recevront les 2/3 de ce que l'home aura laissé. S'il laisse des frères et des seurs l'home aura une portion double de celle de la femme.

Les versets 15, 16 et 175 ont besoin d'interprétation. D'abord tout le monde admet que les

frères et seurs dont il est parlé dans l'article 15
sont exclusivement les frères et seurs utérins. Au
contraire ceux de l'article 175 sont les frères et
seurs germains ou consanguins. Quant au mot
kalala, il a deux sens; il signifie : 1° l'état de
l'home qui meurt sans laisser de descendant ni
d'ascendant; 2° le parent éloigné tel que l'oncle
maternel. Dans sa traduction du Coran, Kasi-
mirsky a adopté le second sens : il traduit ainsi
le verset 15 :

« Si un home hérite d'un parent éloigné ou
d'une parente éloignée et s'il a un frère ou une
seur, il done à chacun des deux 1/6 de l'héritage. S'ils sont plusieurs, etc. ». D'après cela le
frère ou la seur qui interviènent ici dans la
succession seraient le frère ou la seur de l'héritier
et non du mort. Cela conduirait à des absurdités.
C'est d'ailleurs contraire à l'interprétation donée
par le verset 175.

Constitution de l'héritage.

Quand un musulman meurt, son actif et son
passif ne passent pas directement aux héritiers.
On comence par payer les frais des funérailles,
puis les dettes. Ce qui reste constitue ce que
j'appèlerai la *succession*; on paie ensuite les
legs; ce qui reste constitue l'*héritage*.

Les frais des funérailles comportent le lavage
du corps, la fourniture d'un vêtement ou linceul,
le creusement de la fosse et la location du bran-

card s'il y a lieu. Quant au transport, il n'y a pas à s'en occuper ; il est effectué par les parents, les amis et les simples connaissances ; c'est un devoir religieux, car le Prophète a dit que celui qui aide à transporter un mort pendant quelques pas obtient la rémission d'un grand péché. Si le défunt est indigent, le trésor public supporte les frais des obsèques. Les parents tiènent généralement à honeur d'assurer une certaine solennité aux funérailles qui comportent alors la présence de tolba que l'on nourrit largement, et des distributions de vivres aux pauvres près de la tombe.

Les dettes, dans lesquèles est compris le reliquat de la dot si elle n'a pas encore été payée intègralement, sont ensuite acquittées. Si le bien du mort ne suffit pas, elles sont réduites proportionèlement, ou classées dans un certain ordre d'après la législation spéciale dont nous n'avons pas à nous occuper ici.

Viènent ensuite les legs, dont le total ne doit pas dépasser le tiers de la succession, à moins que les héritiers y consentent, et dont aucun ne doit être fait à une personne prenant part à l'héritage, sauf consentement des autres héritiers.

Diverses manières d'hériter.

Au point de vue de la manière d'hériter, les héritiers se divisent en deux classes : les héritiers à part légale et les acebs. Les premiers ont droit à une fraction déterminée de l'héritage et pas plus ; tel est le groupe des épouses qui ont droit collectivement à 1/4 ou 1/8 suivant le cas. S'il arrive que la somme de ces fractions dépasse l'héritage, on les réduit proportionèlement.

Les acebs n'ont pas droit à une part déterminée, ils interviènent après que les héritiers à part légale sont servis et prènent ce qui reste.

Le trésor public intervient après que tout le monde est servi, et prend ce qui reste. Par conséquent s'il y a un aceb, le trésor n'a droit à rien. On peut le considèrer come un aceb qui marche après tous les autres.

Enfin il y a des héritiers qui ont droit à une part légale et qui sont en même temps acebs. Il est inutile de les considèrer come formant une catégorie à part. Dans le partage on les traite d'abord come héritiers à part légale, puis, quand ils sont servis à ce titre, ainsi que tous les héritiers à part légale, s'il reste quelque chose ils reviènent come acebs, et on fait la somme des deux portions qu'ils ont ainsi reçues.

Qualités qui donent le droit d'hériter.

Les Arabes divisent les causes d'héritage en deux catégories : les liens du sang et le motif. Cette dernière comprend les époux, le bienfaiteur ou patron et le trésor public. Nous laisserons de côté le trésor public dont le rôle a été suffisamment défini ; il nous restera donc deux catégories :

les parents auxquels nous rattacherons les époux,
et les bienfaiteurs ou patrons.

Parenté. — Les degrés de parenté qui peuvent ouvrir le droit à hériter sont les suivants :

1° Ligne descendante : Fils, fils de fils, et ainsi
de suite de mâle en mâle ; filles, filles de fils.

2° Ligne ascendante : Père, mère, père de père
et ainsi de suite, en montant de mâle en mâle ;
aïeules suivant la règle ci-après : l'aïeule hérite
quand elle n'est liée au mort que par des femmes,
ou quand le seul home intermédiaire est le père.

3° Collatéraux : Frères et seurs germains, consanguins et utérins ; fils de frères germains ou
consanguins et ainsi de suite en descendant de
mâle en mâle ; oncles paternels frères de père ;
fils d'oncles paternels ; oncles maternels suivant
quelques rares docteurs, notamment suivant
Abou Hanifa ; époux et épouses.

Bienfaiteurs et patrons. — Le bienfait consiste à afranchir un esclave. Les droits qui en
résultent pour le bienfaiteur sont susceptibles
d'être transmis par héritage : celui qui en hérite
est le patron du client. Quand l'équivoque n'est
pas à craindre, le bienfait et le patronage sont
confondus sous le même nom de patronage.

Cette institution a son origine dans l'antéisla-
misme. Dans leur existence périlleuse, quand
les Arabes, sans cesse exposés aux violences, ne
se sentaient pas appuyés par une parenté suffisante, ils cherchaient à s'assurer l'appui d'un ami.
Il arrivait que l'un disait à l'autre : « Mon sang

est le tien ; tu hériteras de moi ; tu réclameras
pour moi et moi pour toi. » Cette sorte de contrat
fut aboli par l'islamisme qui a seulement laissé
subsister un lien entre l'esclave afranchi et le
maître qui l'a afranchi. Ce lien touche à l'héritage
par deux côtés : d'une part, le patronage permet
au bienfaiteur et au patron d'hériter de son client
dans certaines conditions ; d'autre part, ce droit
se transmet par héritage aux héritiers du bienfaiteur ou du patron. Le maître prend le bien de
son esclave décédé, non pas à titre d'héritage,
mais come une chose qui lui appartient. Certains
contrats entre le maître et l'esclave permettent
cependant à celui ci de transmettre une partie de
son bien à ses propres héritiers.

Toutes les catégories indiquées ci dessus n'héritent pas simultanément. Elles s'excluent les
unes les autres, suivant un ordre défini qu'il
semblerait naturel de placer ici ; mais certaines
de ces exclusions ont pour effet de faire passer
un héritier d'une part déterminée à une autre
part ; il est donc nécessaire de connaître d'abord
la quotité des parts. Les exclusions viendront
après.

CHAPITRE II

RÈGLES DU PARTAGE ✦ QUOTITÉS

Principes.

I. — La représentation de quelqu'un qui aurait hérité s'il eut vécu n'est pas admise.

II. — Le cumul des parts est admis ; ainsi un mari qui est cousin de sa femme peut hériter d'elle aux deux titres, et cumuler les deux parts.

III. — Les fils, quand ils sont avec des filles, ont une part double de celles ci ; de même pour les frères germains et consanguins avec des sœurs qui héritent au même titre qu'eux ; mais il n'en est pas de même pour les frères et les sœurs utérins qui héritent par parts égales.

IV. — Les femmes qui sont aceb par elles même sont : 1º la bienfaitrice ; 2º les sœurs quand elles sont en concurrence avec des filles seules. En outre, toutes les fois qu'une femme hérite en même temps et au même titre que son frère, et que celui ci est aceb, elle est rendue aceb par lui, et d'après le principe précédent, on done à l'home une part double de celle de la femme. Ceci ne s'applique pas aux frères et seurs utérins qui ne sont jamais acebs.

Quotité des parts.

Ligne descendante.
Fils : aceb.
Fils de fils et en descendant : aceb.
Fille seule (sans frère) $1/2$.
Filles seules $2/3$.

Nota : Si avec une ou plusieurs filles seules, il y a une ou plusieurs seurs ger. ou cons. celles ci sont acebs.

Une fille seule avec une ou plusieurs filles de fils. La fille reçoit $1/2$ et les filles de fils $1/6$, de manière que le total soit $2/3$ come lorsqu'il y a plusieurs filles seules.

Plusieurs filles seules et des filles de fils. Les filles ont leur $2/3$ et les filles de fils n'ont rien.

Fille de fils seule $1/2$ ⎫   elles sont alors
Filles de fils seules $2/3$ ⎬ assimilées aux filles.

Ligne ascendante.
Père seul ou avec la mère seule : aceb. Voir ci-dessous la part de la mère.

Père avec un ou plusieurs fils ou fils de fils $1/6$.

Père avec des héritiers à part fixe $1/6$, puis il est aceb s'il reste quelque chose.

Père avec des héritiers à part fixe et un aceb

qui le prime, 1/6 de ce qui reste après le prélèvement des parts légales.

Mère seule ou avec le père seul 1/3.

Mère quand il n'y a ni enfants, ni enfants de fils, ou avec un seul frère 1/3.

Mère quand il y a un ou plusieurs enfants, ou enfants de fils, ou plusieurs frères 1/6.

Mère avec des héritiers à part fixe 1/6.

Mère avec des héritiers à part fixe et un aceb 1/6 ; suivant d'autres 1/6 de ce qui reste après le prélèvement des parts légales.

Aïeul. Voir ci dessus quels sont les aïeuls qui héritent.

Aïeul avec la mère ou l'aïeule : aceb.

Aïeul avec un fils ou fils de fils 1/6.

Aïeul seul avec des héritiers à part fixe 1/6, puis aceb pour le reste.

Aïeul avec des frères. Sa position est assez compliquée Voici la règle : Avec des frères germains ou consanguins, il choisit la plus avantageuse des deux combinaisons suivantes : 1/3, ou bien le partage come s'il était lui même un frère ; quelques uns disent qu'il exclut les frères. Avec des héritiers à part fixe et des frères germains ou consanguins, il choisit la plus avantageuse des trois combinaisons suivantes : 1/6, ou bien 1/3 de ce qui reste après les héritiers à part fixe, ou bien le partage avec les frères, come s'il était l'un d'eux. On ne s'occupe pas de sa position avec des frères utérins, parce que ceux ci, come on le verra plus loin, sont seulement héritiers à part fixe.

Aïeule. — Voir ci dessus quelles sont les aïeules qui héritent, soit qu'il y ait une seule aïeule, soit qu'il y en ait deux, ou même trois, quand on admet qu'il peut y en avoir trois (deux du côté du père et une du côté de la mère) elles reçoivent 1/6 qu'elles se partagent.

Collatéraux.

Frères germains et consanguins acebs. — Voir à l'aïeul ce qui arrive quand celui ci est en concurrence avec les frères.

Fils de frères ger. ou cons. : acebs.

Seurs ger. ou cons. quand elles sont avec des frères de même catégorie qu'elles, sont rendues acebs par ceux ci. Voir le principe IV.

Seurs ger. ou cons., quand il n'y a pas d'enfant, s'il n'y en a qu'une 1/2 ; si elles sont plusieurs 2/3.

S'il y a à la fois des seurs ger. et cons., elles reçoivent 2/3 qu'elles se partagent à raison de 1/2 pour les ger. et 1/6 pour les cons.

Seur ger. ou cons avec une ou plusieurs filles : aceb.

Fils de la seur ger. ou cons. hérite d'après Abou Hanifa dans les mêmes conditions que sa mère.

Un frère ou une seur utérins, quand il n'y a ni ascendant ni descendant 1/6.

Plusieurs frères ou seurs ut. dans les mêmes conditions 1/3 qui est partagé sans distinction de sexe.

Fils de frère ut. hérite d'après Abou Hanifa dans les mêmes conditions que son père.

Oncle, frère ger. ou cons. du père : aceb.

Fils du même oncle : aceb.

Oncle, frère ger. ou cons. de la mère, et oncle frère du père de la mère, d'après Abou Hanifa : aceb.

Epoux et épouses.

Epoux : s'il n'y a ni enfant, ni enfant de fils 1/2, et s'il y en a 1/4.

Epouse : s'il n'y a ni enfant, ni enfant de fils 1/4, et s'il y en a 1/8.

Bienfaiteur et patron.

Bienfaiteur et bienfaitrice : aceb.

Patron (à l'exclusion de la patrone) : aceb.

Frères jumeaux. — On vient de voir que les frères germains et les frères utérins ont des droits très différents. Il arrive quelquefois qu'il importe de distinguer à quèle catégorie appartiènent les jumeaux Ceux qui naissent après la malédiction conjugale dont il sera parlé plus loin à propos des empêchements à l'héritage, sont considèrés come frères germains et en ont les droits l'un par rapport à l'autre. Quelques jurisconsultes assez rares les considèrent come frères utérins. Les jumeaux fils d'une femme non mariée sont frères utérins. Si les jumeaux sont le produit d'un viol, les avis sont partagés ; les uns les considèrent come germains, les autres come utérins.

Position de l'aïeul. — On a vu plus haut la position de l'aïeul quand il se trouve avec des frères. En réalité cette position se complique d'un grand nombre de cas particuliers et de divergences d'opinion. J'en renvoie l'examen au chapitre renfermant les particularités qui viènent influer sur les héritages.

Exclusions.

Toutes les catégories ci dessus n'héritent pas en même temps. Elles s'excluent les unes les autres d'après les règles qui vont être exposées. Le fait d'exclure un autre héritier s'appèle *hadjb*, littéralement couvrir, d'où : voiler, cacher.

En principe, tout héritier qui ne touche au mort que par l'intermédiaire d'un autre héritier est exclu par celui ci. Les exclusions peuvent être totales, c'est à dire avoir pour effet d'évincer complètement l'héritier qui en est l'objet, ou modificatives, c'est à dire avoir pour effet de réduire la part de cet héritier, ou de le faire passer de l'état d'héritier à part légale à celui d'aceb, ou réciproquement. Certaines exclusions font surgir un nouvel héritier. Il peut même arriver que le nouvel héritier ainsi apparu exclue à son tour celui qui avait été l'origine du mouvement. On en verra un exemple dans le cas appelé : un scorpion sous une brique.

Exclusions totales. — Les enfants, les père et mère, les époux et épouses ne sont jamais exclus. Tous les autres peuvent l'être.

Le fils exclut les fils de fils et ainsi de suite,

les frères et fils de frères, les oncles et les fils d'oncles.

Le père exclut ses père et mère et tous les autres ascendants, les frères, les enfants de ceux ci et les oncles.

La mère exclut toutes les aïeules.

L'aïeul exclut les aïeux au dessus de lui, les frères utérins (puisqu'il est ascendant), les fils de frères, les oncles et leurs fils.

Deux aïeules au même degré héritent en même temps. Si la plus rapprochée est du côté de la mère, elle exclut l'autre ; si elle est du côté du père, elle n'exclut pas l'autre.

La fille et la fille de fils excluent le frère et la seur utérins.

Les filles, si elles sont plusieurs, excluent les filles de fils, à moins que celles ci se présentent avec un home fils de fils ou fils d'oncle paternel ; car alors celui ci les rend acebs, et ils héritent ensemble de ce qui reste. Mais si cet home est d'un rang plus rapproché, s'il est, par exemple, fils et les femmes filles de fils, cet home est aceb, mais il ne rend pas les dites femmes acebs ; elles sont exclues. Rappelons ici que s'il n'y a qu'une seule fille, les filles de fils reçoivent $1/6$; aucun home ne les rend acebs.

Les frères germains excluent les consanguins et les oncles paternels. Mais on a vu que quand l'aïeul se trouve en concurrence avec des frères germains ou consanguins, il peut opter entre plusieurs solutions. Dans ce cas, par suite d'une

bizarrerie, s'il y a des frères germains et consanguins, ces derniers, bien qu'exclus par les germains, entrent en ligne de compte contre l'aïeul.
Parmi les fils de frères, les plus rapprochés excluent
les plus éloignés. Les fils de frères excluent les
oncles.

La règle est la même pour les oncles paternels :
l'oncle germain exclut l'oncle consanguin. Celui
ci exclut le fils de l'oncle germain. Le fils du
germain exclut le fils du consanguin, etc.

Exclusions modificatrices. — Les enfants et
les enfants de fils réduisent l'époux de 1/2 à 1/4,
et l'épouse de 1/4 à 1/6.

Les enfants, les enfants de fils, les frères ger.
ou cons. réduisent la mère de 1/3 à 1/6.

La fille réduit la fille de fils de 1/2 à 1/6. Voir
le tableau des parts légales.

La seur ger. réduit la seur cons. dans les
mêmes conditions. Voir également le tableau.

La fille et la fille de fils réduisent les seurs
ger. et cons. à l'état d'aceb.

Le père et l'aïeul qui seraient acebs à défaut
de fils sont réduits à 1/6 par la fille.

Toutes les fois qu'une femme se présente avec
son frère qui est aceb, sa position est modifiée ;
elle devient elle même aceb, et reçoit une part
moitié de celle de son frère. Voir le principe n° IV.

Principe. — Quiconque ne peut hériter à cause
d'un vice dirimant, ou qui est exclu par un autre,
n'exclut personne. Il est fait exception pour les
frères. S'ils n'héritent pas à cause d'un vice, ils

n'excluent persone ; mais s'ils sont simplement
exclus, ils peuvent exclure, bien qu'ils n'héritent
pas eux même. C'est ainsi qu'ils peuvent réduire
la mère de 1/3 à 1/6. Exemple : père, mère, deux
frères. Le père exclut les deux frères ; mais ceux
ci réduisent la mère de 1/3 à 1/6.

Récapitulation. — Héritiers à part fixe : mère,
aïeule, frère et seur utérins, époux, épouse ; puis
les filles et filles de fils, quand elles ne sont pas
rendues acebs par un home.

Acebs : Fils, fils de fils, frères ger. ou cons.
et leurs fils ; oncles paternels et leurs fils.

Par l'une ou l'autre voie : Père et aïeul. Ils
sont acebs quand il n'y a avec eux que des héritiers à part fixe.

Par les deux voies par cumul : Frère utérin,
époux ; ils sont acebs quand ils sont en même
temps fils d'oncle ou patron.

Patronage.

Le droit de patronage appartient aussi bien au
bienfaiteur qu'à la bienfaitrice, c'est à dire à
l'home ou à la femme qui ont afranchi, mais il ne
se transmet par héritage qu'aux homes pouvant
avoir la qualité d'aceb ; par conséquent les époux
et les frères utérins n'en héritent jamais. Il passe
par héritage d'abord au fils, puis à défaut au fils
de fils, puis au père. Viènent ensuite le frère et
l'aïeul pour lequel il y a trois avis : suivant le plus
répandu qui est celui de Malik et de Chafaï, l'aïeul

passe avant le frère ; suivant le second l'aïeul et
le frère se partagent le patronage. D'après le
troisième le frère passe avant l'aïeul. Quand c'est
le frère qui hérite, le germain passe avant le consanguin, et celui ci passe avant le fils du germain ;
en dernier lieu, vièrent les oncles paternels et
leurs fils. C'est l'ordre que nous avons vu pour
les exclusions.

Quant aux biens du client, voici la règle : les
parents du client héritent d'abord ; puis, à défaut
d'aceb parmi eux, le bienfaiteur, la bienfaitrice
ou le patron intervièrent come acebs.

Si un client devenu libre afranchit un esclave
et devient à son tour patron d'un client, le droit
de patronage lui appartient ; il passe à ses héritiers
suivant la règle ci dessus, et à défaut, au premier
patron. A la mort du second client, ses biens vont
à ses héritiers, puis à leur défaut, à celui qui
détient le droit de patronage, c'est à dire au second
patron ou à ses héritiers, et à défaut, au premier
patron ou à ses héritiers.

Exemples : A afranchit B. A meurt d'abord,
puis B. 1° B ne laisse pas d'héritiers, tout son
bien va aux héritiers acebs de A. 2° B laisse des
héritiers qui absorbent tout le bien, qu'ils soient
acebs ou non, les héritiers de A ne reçoivent rien.
3° B laisse des héritiers qui n'absorbent pas tout
le bien ; les héritiers acebs de A prènent le reste.

A afranchit B, lequel afranchit C. B meurt ;
C meurt à son tour en laissant des héritiers qui
n'absorbent pas tout ; le surplus va aux héritiers

acebs de B s'il en a, et à défaut aux héritiers acebs de A.

Si quelqu'un achète un serf et l'afranchit de son impôt, le droit de patronage appartient au trésor public.

Empêchements.

On compte cinq empêchements absolus au droit d'hériter, et un temporaire.

Empêchements absolus : La qualité d'infidèle, l'esclavage, l'homicide intentionel, la malédiction conjugale, le doute définitif sur la priorité d'un décès, et le mariage en état de maladie.

Empêchement temporaire : Le doute susceptible d'être dissipé plus tard sur la position de l'héritier.

L'adultère et le doute sur la vie d'un enfant qui meurt au moment de sa naissance feront l'objet d'un examen spécial.

Qualité d'infidèle. — Le prophète a dit : « Il n'y a pas d'héritage entre gents de religions différentes ; l'infidèle n'hérite pas du musulman et réciproquement. » Ce hadits donc lieu à plusieurs remarques. D'abord, il ne s'applique pas au cas où le mort est un infidèle esclave d'un musulman ; ce dernier prend alors le bien du défunt, non pas come héritier, mais come maître. On est d'accord sur ce que l'infidèle n'hérite pas du musulman ; mais plusieurs jurisconsultes admettent l'inverse, en s'appuyant sur cet autre hadits : « L'islamisme nous augmente et ne nous diminue pas ; il nous élève, on ne s'élève pas au dessus de lui. » Ils en concluent que le musulman doit hériter des Juifs et des Chrétiens, de même qu'il peut épouser leurs femmes, tandis que l'inverse n'est pas permis. Quant à l'héritage entre deux infidèles de religions différentes, Juif, Chrétien ou Mage, Malik l'interdit, Abou Hanifa et d'autres le permettent.

Si un musulman se fait infidèle, il n'a droit à aucun héritage, ni d'un musulman, ni d'un infidèle. Quand il meurt, il y a plusieurs avis sur son héritage : d'après Malik, tout son bien va au trésor public ; d'après d'autres, ses héritiers musulmans héritent. Quelques-uns disent que les biens qu'il avait avant son apostasie vont à ses héritiers musulmans ; ceux qu'il a acquis postérieurement vont au trésor public. D'autres enfin disent que son bien va aux héritiers qu'il peut avoir dans sa nouvelle religion.

Il peut arriver qu'un home feigne d'être musulman et cache en son cœur une autre religion. Cela devait arriver fréquemment à l'époque des conversions forcées. Quand le fait était prouvé, il entraînait la peine de mort. Dans ce cas, les avis au sujet de l'héritage sont partagés ; en général, on admet que les héritiers musulmans profitent de l'extérieur du mort et héritent. Malik s'est rallié à cet avis, après avoir dit que le bien allait au trésor public. D'autres disent que si le simulateur se repent et avoue, son bien va au trésor public ;

mais que s'il nie jusqu'au bout, ou s'il meurt de mort naturelle, le bien va aux héritiers, car il reste alors un doute sur la réalité de la simulation.

L'héritage de l'home qui insulte Mohammed, un autre prophète ou un ange, crime puni de mort, done lieu à des distinctions analogues sur lesquèles il est inutile d'insister. Disons toutefois que si l'auteur de ce crime est un chrétien, son bien va au trésor public, non à titre d'héritage, mais come butin.

Esclavage. — L'esclavage peut être total ou partiel. C'est dans cette dernière position que se trouvent : l'esclave qui doit s'afranchir sur son pécule, celui qui doit être afranchi à la mort du maître, celui qui doit l'être à une date future, celui qui ne l'est qu'en partie, la mère de l'enfant du maître. Aucune de ces catégories n'hérite, et on n'hérite pas d'elles. Il n'y a d'exception que lorsque l'afranchi par son pécule mentione dans son contrat les droits de ses enfants ; ils prènent alors son lieu et place.

Ceci done lieu à quelques remarques. Pour l'afranchi partièlement, il y a trois opinions : d'après la première, qui est celle de Malik, son bien va tout entier au maître auquel l'esclave n'appartient que partièlement ; d'après la seconde, le maître reçoit une part du bien proportionèle à la partie de l'esclave qu'il possède, le reste va aux héritiers du mort ; d'après la troisième, le maître reçoit la même part que ci devant et le reste va au trésor public.

Quant à l'esclave admis à se racheter sur son pécule et qui meurt avant le terme fixé, s'il laisse des enfants adultes, ceux ci prènent son lieu et place et se libèrent petit à petit. S'il laisse des enfants jeunes, mais qui peuvent arriver à travailler avant le terme fixé, ils sont également admis à se libérer. Mais si le terme arrive avant qu'ils aient pu travailler, ils restent esclaves.

Meurtre. — Le meurtrier volontaire n'hérite pas des biens de sa victime, mais il hérite du droit de patronage, parce que le patronage est considéré come une parenté qu'on ne peut détruire. Le meurtrier involontaire n'hérite pas du prix du sang ; il hérite du patronage ; quant aux biens, il y a plusieurs avis. D'après Malik, il hérite ; d'après Abou Hanifa il n'hérite pas, à moins qu'il soit enfant ou insensé.

Malédiction conjugale. — Un mari persuadé que sa femme commet l'adultère, prononce cinq serments successifs. La femme proteste de son côté par autant de serments. Alors les deux époux se séparent, le mari ne peut jamais reprendre sa femme. Si l'un d'eux meurt avant l'expiration de la retraite légale, l'autre n'hérite pas. Si la femme est enceinte, le mari renie la paternité par ses cinq serments ; la femme proteste de même et les conséquences sont les mêmes ; en outre, l'enfant ainsi renié n'hérite pas du mari. S'il naît deux jumeaux, on a vu que la majorité des jurisconsultes les considère come frères germains.

Doute définitif sur la priorité d'un décès. —

Quand on ne sait lequel de deux individus est mort le premier, aucun des deux n'hérite de l'autre ; ils sont considèrés come s'ils n'étaient pas parents ; leurs biens vont à leurs héritiers vivants respectifs. Il y a à ce sujet quelques divergences qu'on peut citer à titre de curiosité. D'après Omar, si deux frères, par exemple, sont tués dans un même combat et si l'un a la main placée sur le corps de l'autre, celui dont la main est ainsi placée est considèré come mort le second. Ali n'admettait pas cette distinction, et avait à ce sujet une théorie fort subtile :

Soit une famille composée de trois frères A, B, C et de la mère. A et B sont tués dans le même combat en laissant pour héritages respectifs a et b. Dans la méthode ordinaire, on les considère come étrangers l'un à l'autre ; pour chacun de leurs héritages, la mère étant en concurrence avec un seul frère a droit à $1/3$; elle reçoit donc en tout $\frac{a+b}{3}$ et C reçoit $2\,\frac{a+b}{3}$.

Voici maintenant la théorie d'Ali : supposons d'abord que A est mort et que B est resté vivant. L'héritage de A se partage entre la mère et les deux frères B et C ; la mère n'a plus droit qu'à $1/6$; elle reçoit $\frac{n}{6}$ ou $2\,\frac{n}{12}$; B et C reçoivent chacun $5\,\frac{n}{12}$; on met de côté les $5\,\frac{n}{12}$ revenant à B. Supposons ensuite B mort et A vivant ; la mère reçoit $2\,\frac{h}{12}$; A et C reçoivent chacun $5\,\frac{h}{12}$; on met de côté les $5\,\frac{h}{12}$ de A. A cc moment la mère a reçu : $2\,\frac{n+h}{12}$; C $5\,\frac{a+h}{12}$; A $5\,\frac{h}{12}$ et B $5\,\frac{n}{12}$, ces deux derniers lots mis en réserve. A et B étant morts tous deux, ces deux lots sont à partager entre la mère et C. La mère reçoit $1/3$ soit 5 $\frac{a+b}{36}$; C prend le reste soit 10 $\frac{a+b}{36}$. Donc la mère reçoit au total 11 $\frac{a+b}{36}$, et C 25 $\frac{a+b}{36}$. Dans le procédé général, la mère recevait $\frac{a+b}{3}$ ou 12 $\frac{a+b}{36}$; le procédé d'Ali lui fait donc perdre $\frac{a+b}{36}$, soit $1/12$ de ce qu'elle recevait par l'autre procédé (1).

Mariage ou répudiation en état de maladie. — Il n'est pas permis à un home ou une femme dangereusement malades de se marier, parceque ce serait un moyen de changer la disposition de l'héritage. Si la maladie survient avant la consommation du mariage, celui ci est dissout et la femme ne reçoit pas de dot. Si le mariage est consommé, il est néanmoins dissout et la femme reçoit sa dot ; si le mari meurt, elle la prélève avant tous sur le tiers disponible. Le mariage en état de maladie est permis avec une esclave parce qu'il ne peut pas changer l'ordre de l'héritage. Si un malade se marie et meurt de sa maladie, le conjoint n'hérite pas, il en est de même si c'est le conjoint bien portant qui meurt.

De même, un home gravement malade ne peut pas répudier sa femme. Si néanmoins il le fait, et s'il meurt de sa maladie, la femme hérite de lui, lors même que ce décès n'arriverait qu'après l'expiration de la retraite légale et qu'elle serait remariée. Aussi cite-t-on dans les écoles cette

(1) Le raisonement d'Ali n'est pas juste. Si on admet come également possible que A soit mort premier ou second, la mère doit recevoir 11,5 $\frac{a+b}{36}$.

question : Coment une femme peut-elle hériter de
quatre maris en un mois ? Réponse : parceque
tous les quatre l'avaient répudiée étant gravement malades, et qu'ils sont tous morts dans le
même mois. Ceci est l'avis général, notamment
celui de Malik. Quelques uns disent que la femme
hérite seulement si le décès a lieu avant la fin de
la retraite légale, d'autres disent même qu'elle
n'hérite pas du tout.

Si un home bien portant répudie définitivement
sa femme malade, il n'hérite pas d'elle, même si
la retraite légale n'est pas expirée.

Tout ceci suppose la répudiation définitive.
Mais si elle ne l'est pas, tout le monde admet que
les deux époux héritent l'un de l'autre.

Doute provisoire sur la position du défunt. —
Il y a de nombreuses variétés d'héritiers à position douteuse : le disparu, le prisonier, l'hermaphrodite, la femme enceinte.

Pour le disparu et le prisonier, en principe on
ne partage pas le bien avant un certain laps de
temps, à moins qu'on acquière la certitude de
leur mort. Ce laps est habituèlement marqué par
l'âge de 70 ans pour l'absent ; d'autres le poussent
à 80 ans et même plus ; on est allé jusqu'à 120 ans.
On admet cependant une exception si l'absent a
disparu dans une expédition ou une épidémie ;
Malik admet qu'en pareil cas on partage immédiatement. Si un des héritiers du disparu meurt
avant le partage, on met immédiatement sa part
de côté, afin de la réserver à ses héritiers s'il y a
lieu.

S'il y a incertitude sur le sexe d'un héritier, on admet généralement qu'on retarde le partage jusqu'au moment où apparaissent les signes caractéristiques de l'un des sexes. Quelques uns veulent qu'on partage immédiatement en mettant en réserve la part la plus forte que puisse recevoir l'hermaphrodite en question quand son sexe sera établi. Il sera parlé plus loin de l'hermaphrodite définitivement douteux.

Si l'incertitude provient de ce qu'il y a une femme enceinte dont l'enfant à naître peut être héritier, la solution est analogue : on ajourne le partage jusqu'après l'accouchement. Suivant quelques uns on partage immédiatement en mettant de côté la part la plus forte qui puisse échoir à l'enfant ou aux enfants que cette femme peut mettre au monde, c'est à dire quatre garçons. On cite en effet une concubine d'Abou Ismaïl qui mit au monde quatre jumeaux, dont trois vécurent 8o ans.

Notions sommaires sur les calculs.

Tèles sont les règles générales qui régissent les successions ; mais elles sont influencées par diverses causes particulières, tèles que certaines positions spéciales, les legs, les récusations, etc. Avant d'aborder l'examen de ces causes particulières, il sera bon de doner une idée sommaire des procédés de calcul des Arabes ; cette notion est nécessaire pour l'intelligence de ce qui va suivre.

Dans le calcul des successions on se propose
de déterminer sous forme d'une fraction de l'héritage la part revenant à chacun, et l'on exige que
toutes ces fractions aient le même dénominateur
commun le plus petit possible. Mais, de plus, les
Arabes ne présentent pas les résultats sous cette
forme fractionaire. Bien que les calculs aient pour
point de départ les fractions légales définies par
le Coran ou la Sounna, $1/2$, $1/3$, etc., et que les
Arabes connaissent les règles des opérations sur
les fractions, ils préfèrent faire leurs calculs et en
présenter les résultats au moyen de nombres
entiers.

Remarquons d'abord que tout héritage est
entièrement absorbé puisque, à défaut d'autre
héritier, le trésor public intervient et prend tout
ce qui peut rester. Par conséquent, si on présente
les parts d'héritage sous forme de fractions, leur
somme est toujours au moins égale à l'unité. Il
peut arriver que la somme des parts légales soit
supérieure à l'unité, mais alors on réduit toutes
les parts proportionèlement de manière à ramener
leur somme à être égale à 1. On peut donc dire
que dans tout héritage, la somme des parts, quand
elles sont représentées par des fractions est égale
à 1, et que par conséquent la somme des numérateurs est égale au dénominateur commun.

Pour ne raisoner que sur des nombres entiers,
les Arabes préfèrent considèrer les parts come
représentées par les numérateurs des fractions
qu'on appèle *sihams* (parts). Le total de l'héritage

est alors représenté par la somme de ces numérateurs qu'on appelle *base* de l'héritage.

Quand la somme des fractions est égale à 1, la base n'est autre chose que le dénominateur commun. Quand la somme des fractions est supérieure à 1, nous venons de dire qu'on les réduit proportionèlement pour ramener leur somme à être égale à 1. Avec le procédé Arabe, cette réduction se fait tout naturellement en prenant pour base la somme des numérateurs. Quand cela arrive, on dit qu'il y a *aoul*, c'est à dire augmentation, parce qu'en effet la base a été augmentée; au lieu d'être le dénominateur commun, on l'augmente en la remplaçant par la somme des numérateurs.

Les calculs se présentent donc ainsi :

On comence par prendre les parts légales des ayant droit, c'est à dire les fractions que la loi définit, soit pour un individu come le père ou l'époux, soit pour un groupe d'individus come les épouses, les frères utérins, etc. On y ajoute, s'il y a lieu, la fraction représentant la part de l'aceb qui vient ramasser ce qui reste. On réduit toutes ces fractions au même plus petit dénominateur commun. Ce dénominateur forme l'*asl* ou base primitive de la succession. Quand il n'y aura pas d'équivoque à craindre, nous l'appèlerons simplement *base*. On s'assure si la somme des numérateurs ou sihams ne dépasse pas la base; cela ne peut pas arriver s'il y a un aceb. Quand cela arrive, on prend pour nouvelle base la somme des numérateurs, et l'on dit alors que la nouvelle base a subi l'aoul.

Exemple : Soit un héritage à partager entre : une mère qui a droit à 1/6 et sept fils qui, étant acebs, se partagent le reste. Avec nos procédés, nous dirions ; la mère reçoit 1/6 et les fils se partagent 5/6. Si nous voulons préciser davantage, nous dirons que chaque frère reçoit 5/42, et enfin, si nous voulons que toutes ces fractions aient même dénominateur, nous dirons que la mère reçoit 7/42. Pour les Arabes, le total de l'héritage est 42 ; ils diront que la mère reçoit 7, et chaque frère 5, avec la base 42.

L'aoul n'a pas été prévu par le Coran ni la Sounna, mais il s'impose par l'évidence. Un seul successioniste Ibn Abbas avait voulu que quand la somme des sihams dépasse la base, on ne fit pas l'aoul, mais qu'on supprimât certaines parts, les seurs d'abord, puis les filles. Cet avis a été rejeté par tout le monde.

Remarque. — On peut toujours multiplier tous les sihams, et par suite leur somme qui est la base, par un même nombre sans altérer les proportions des parts. C'est come si, avec notre système de fractions, on multipliait toutes les fractions haut et bas par un même nombre ; leurs valeurs ne seraient pas changées.

On procède ensuite aux autres opérations, par exemple, au partage de la part collective d'un groupe entre les individus composant ce groupe, à certains prélèvements que l'on répartit ensuite proportionèlement entre certains groupes. Chaque fois que dans ces opérations on est amené à une division qui ne peut se faire exactement, on s'arrange de manière à ce qu'elle soit possible, en multipliant tous les termes de l'héritage, et par conséquent la base par le nombre strictement nécessaire pour que la division devienne possible. On remplace ainsi le terme à diviser par le plus petit multiple de ce terme et du diviseur.

Exemple : Six frères ont à se partager une part de deux ; la division n'est pas possible. On multiplie tous les termes de l'héritage, et par conséquent la base par 3 ; la part à diviser est devenue 6 ; la division est possible.

Toute la clef des calculs de succession est là. On pourrait se borner à cela ; mais il est bon d'avoir une idée des difficultés qui résultent pour nous soit de procédés et de termes différents des nôtres, soit des complications que la subtilité des successionistes a trouvé le moyen d'introduire dans ces calculs. C'est pourquoi nous y reviendrons dans un autre chapitre.

CHAPITRE III

CAUSES DIVERSES
INFLUANT SUR LES SUCCESSIONS

Position de l'aïeul.

La position de l'aïeul est tèlement compliquée, elle a fait l'objet de tant de controverses qu'elle mérite un examen à part.

L'aïeul, père du père, et ainsi de suite en remontant, hérite s'il n'y a ni père ni aïeul plus rapproché que lui. S'il n'y a ni frères ou seurs germ. ou cons. il hérite come s'il était père. S'il y en a on n'est pas d'accord Suivant Abou Bekr et d'autres il les exclut come le ferait le père. Omar fit hériter les frères en même temps que l'aïeul et rendit à ce sujet soixante-dix sentences différentes.

Quand on admet les frères, la règle la plus générale est la suivante : si l'aïeul se trouve avec des frères ou seurs, il entre en partage avec eux avec sa qualité d'home come s'il était un frère et que tous fussent germains. Il prend la part qui lui échoit ainsi, pourvu qu'elle ne tombe pas au dessous de 1/3 de ce qui est à partager (quelques uns disent 1/6), sinon il prend ce tiers (ou ce sixième). Ensuite les frères ou seurs se partagent le reste d'après les règles suivantes : 1° S'il y a des frères ger., ils excluent les frères et seurs cons., et ils se partagent avec leurs seurs germ , s'il y en a, dans la proportion prescrite pour les homes et les femmes ; ils sont tous acebs ; 2° S'il n'y a pas de frères germ., mais des seurs germ. elles ont droit à une part légale ; si elles sont avec des frères et seurs cons., ceux ci sont acebs, et les seurs germ. se servent d'abord en prenant leur part, 1/2 s'il n'y en qu'une, 2/3 si elles sont plusieurs. Mais si avec elles, il n'y a pas de frère cons. mais seulement de seurs cons, celles-ci ne sont plus acebs, les germaines reçoivent 1/2 et les cons. 1/6 ; 3° S'il n'y a que des frères et seurs cons. ; ils sont acebs ; 4° S'il n'y a que des seurs cons. elles reçoivent leur part légale.

Exemple :

Aïeul avec une seur germ. et un frère cons. On partage come si l'aïeul et les deux autres étaient germains. L'aïeul et le frère cons. reçoivent chacun 2/5 ; la seur 1/5. Celle-ci se retourne contre le frère cons. pour qu'il lui complète sa moitié ; il reste au cons. 1/10.

Aïeul avec une seur germ. et deux seurs cons.

On partage come si tous étaient germains. L'Aïeul reçoit 2/5; chaque seur 1/5. La germaine se retourne contre les cons. pour faire compléter sa moitié. Il reste à chaque cons. 1/10.

Aïeul avec une seur ger. et une cons. L'Aïeul reçoit 1/2; il reste 1/4 pour chacune des seurs; mais la seur ger. complète sa moitié et il ne reste rien pour la cons.

Aïeul seul avec une seur ger. ou cons. Ils sont tous deux acebs.

Quelques jurisconsultes tels qu'Ali et Ibn Rochd n'admettent pas cette assimilations des frères consanguins avec les germains pour entrer en ligne de compte avec l'aïeul. Suivant eux, les consangins sont exclus dès le début par les germains qui entrent seuls en ligne de compte.

Hermaphrodite héritier. — Les successionistes se sont étendus avec prédilection sur ce sujet. Ils ont abondamment étudié la situation des enfants d'un hermaphrodite; je laisserai de côté ces bizarreries pour ne m'occuper que de la position de l'hermaphrodite héritier. Les avis sont partagés.

Chafaï n'envisage que le cas où le doute sur le sexe n'est pas définitif. On met alors en réserve jusqu'au jour où le sexe sera reconnu la plus petite des parts qui reviènent à l'hermaphrodite soit come home, soit come femme. Cette part n'est pas nécessairement celle qui lui revient come femme. En effet, il peut hériter : 1° come home et come femme, mais plus avantageusement come home, par exemple, s'il est enfant ou enfant de fils ; 2° come home et non come femme, s'il est oncle, fils d'oncle, ou fils de frère ; 3° come femme et non come home dans le cas appelé Akaddariya que l'on verra dans le dernier chapitre ; 4° come home et come femme indifféremment s'il est frère utérin.

Quand il est *mouchkal*, c'est à dire que le doute sur son sexe est définitif, il y a deux avis principaux.

1° Il reçoit les 3/4 de ce qu'il aurait come home en vertu de ce raisonement ; il a droit sans conteste à la moitié de la part qu'il aurait come home, on la lui done. Quant à l'autre moitié, come elle est contestée on lui en done la moitié, en vertu de ce principe de droit que l'objet contesté est partagé pour trancher le différend.

2° Il reçoit la moyenne de ce qu'il aurait come home et come femme. Cet avis, qui est celui du plus grand nombre, est un peu plus avantageux. Soient en effet H homes, F femmes, et un hermaphrodite qui ont à se partager un lot. Calculons la part de ce dernier come home, soit x une part de femme :

$$2(H+1)x + Fx = 1 \quad \text{il reçoit } 2x \text{ soit } \frac{2}{2H+F+2}$$

Calculons sa part come femme ; soit alors y une part de femme :

$$2Hy + (F+1)y = 1 \quad \text{il reçoit } y \text{ soit } \frac{1}{2H+F+1}$$

On voit que y est un peu plus grand que $2x$. Dans le procédé des 3/4 il reçoit $\frac{3x}{2}$; dans celui de la moyenne il reçoit $\frac{2x+y}{2}$ qui est un peu plus avangeux ; la différence est $\frac{y-x}{2}$ soit $\frac{1}{(2H+F+2)(2H+F+1)}$

S'il y a deux héritiers hermaphrodites, on emploiera des procédés analogues ; mais ils seront beaucoup plus compliqués. Soient A et B ces deux héritiers ; avec le procédé des moyennes on calculera leurs parts dans les quatre hypothèses, A et B homes, A et B femmes, A home et B femme, A femme et B home et on prendra la moyenne arithmétique des parts obtenues dans ces quatre hypothèses.

En principe l'hermaphrodite ne doit pas se marier, mais si cela arrive et s'il lui nait des enfants qui meurent avant lui, il hérite come père ou come mère suivant le rôle qu'il a joué. S'il se marie plusieurs fois en variant son sexe : les enfants dont ils est le père sont frères germains ou consanguins entre eux ; ceux dont il est la mère sont germains ou utérins entre eux, mais les premiers ne sont rien par rapport aux seconds.

Reconnaissance, déclaration et récusation d'héritiers.

Reconnaissance. — La reconnaissance, *iqrar*, s'applique à un grand nombre de choses : parenté, dettes, crimes, etc. Nous ne nous occuperons ici que de celle qui intéresse l'héritage.

Nous appèlerons reconnaissance la déclaration de parenté faite par un de ceux qu'elle concerne, par exemple celle d'un fils par son père, d'une épouse par son époux. La reconnaissance est régie par des règles assez compliquées qui font

partie du droit civil plutôt que du droit successoral. Je me bornerai à en doner une idée.

Reconnaissance d'un fils par son père : le fils
doit être connu come n'appartenant pas à un
autre que celui qui le reconnaît ; le père ne doit
pas être démenti par l'avis unanime du public,
ni par celui du fils si celui ci est grand ; il doit
être dans des conditions à avoir pu avoir cet
enfant ; il faut que la mère ait appartenu au
déclarant come épouse ou esclave en temps
opportun.

La reconnaissance d'un père faite par le fils
n'est valable que si le père l'accepte. Celle d'un
fils par une femme n'a aucune valeur.

Pour ce qui est des époux, les Iracains sont
d'avis d'accepter toujours leur dire ; mais Malik
et les Médinois ne l'acceptent sans conteste que
si les conjoints sont tous deux étrangers ; s'ils ne
le sont pas, ils doivent prouver leur dire.

La reconnaissance d'un patron par son client,
et réciproquement, est toujours admise s'ils sont
d'accord, à moins de preuve de mensonge ou
d'impossibilité.

Pour les reconnaissances de frère ou de neveu,
on est généralement d'avis qu'elle doit être
admise, mais sans que la parenté soit définitivc-
ment établie. S'il survient plus tard d'autres héritiers qui refusent d'admettre les reconnus, ceux
ci sont évincés.

Déclaration. — Quand un héritier dont la
qualité était contestée parvient à établir sa

parenté, il hérite de droit ; il n'y a plus de différence entre lui et les autres. La parenté est établie
par le témoignage de deux homes adultes, sains
d'esprit et honorablement connus. Le témoignage des femmes, des libertins, etc., n'est pas
admis.

Quand les persones qui déclarent la parenté
d'un héritier sont elles même des héritiers, l'admission du déclaré est soumise à des règles spéciales.
Tout d'abord si les déclarants remplissent les
trois conditions ci dessus pour que leur témoignage soit admis, la parenté est établie. Mais s'ils
ne remplissent pas ces conditions, s'il y a par
exemple un home et une femme, bien que la
parenté ne soit pas établie, cette déclaration
done certain droits au déclaré.

S'il y a un seul déclarant et un seul déclaré,
et si la déclaration entraîne une diminution dans
la part du déclarant, le déclaré prend cette diminution non pas à titre d'héritage, mais come
reconnaissance d'une dette.

Dans le cas le plus général, qui est celui où
il y a plusieurs déclarants et plusieurs déclarés,
et où certains déclarants récusent certains déclarés, on fait une part aux déclarés d'après le principe suivant : chaque déclarant sacrifie seulement
ce que sa déclaration lui ferait perdre si ses
déclarés étaient admis par tout le monde ; le sacri-
fice ainsi fait est réparti entre les déclarés proportionèlement aux parts qu'ils auraient reçues
si ces déclarations avaient été acceptées par tout

le monde. On opère ainsi pour chaque déclarant et on fait ensuite pour chaque déclaré la somme des portions qu'il a ainsi obtenues.

Outre ce cas général, il y a quelques cas particuliers intéressants :

Deux héritiers en déclarent un troisième en lui attribuant des qualités différentes. Le déclaré reçoit de ses deux déclarants les différences qui lui reviènent, calculées come il est dit ci dessus et en fait la somme. Si cette somme est inférieure ou égale à la plus forte des parts qui lui reviendraient avec les deux qualités qu'on lui attribue, il garde cette somme ; mais si elle est plus forte, il y a deux avis : 1° Suivant la doctrine des Basrites il garde toute la somme ; 2° il prend la plus forte des parts qui lui reviendraient, et rend le reste aux déclarants qui se le partagent proportionèlement à ce qu'ils avaient doné. D'autres disent que cet excédant est mis en réserve jusqu'à ce qu'un des deux déclarants reviène sur sa déclaration ; mais si cela n'arrive pas, il est clair qu'il faut bien en revenir à un des deux avis ci dessus. Si les déclarants qui se contredisent et les déclarés sont plus nombreux, on opère d'après les mêmes principes.

Quand un héritier en a déclaré un autre et que ce dernier exclut le premier, le déclaré prend tout ce qui revenait au déclarant. Exemple : un fils de fils déclare un fils ; celui ci prend toute la part qui aurait été attribuée au fils de fils.

Une épouse et trois seurs de natures diverses.

Elles ont droit : Epouse 1/4, seur germ. 1/2, seur cons. 1/6, seur ut. 1/6. La base serait 12, mais elle est portée par l'aoul à 13, savoir : épouse 3, seur ger. 6, seur cons. 2, seur ut. 2. La seur ut. déclare une fille ; come la fille exclut la déclarante, elle prend toute sa part, soit 2.

Il peut arriver que la déclaration faite en faveur d'un héritier en fasse surgir obligatoirement un autre. C'est alors come si le déclarant les avait déclarés tous les deux. Ce cas s'appèle : *un scorpion sous une brique*, parce qu'alors le déclarant ne s'est pas aperçu qu'il faisait surgir un nouvel héritier. On en trouvera un exemple dans les successions remarquables.

Quand la déclaration a pour effet d'introduire un nouvel héritier et d'augmenter la part d'un héritier déjà constitué qui accepte la déclaration, on opère d'après les mêmes principes : on calcule la part revenant au nouvel héritier et l'augmentation revenant à l'héritier déjà constitué dans l'hypothèse de l'admission générale. On calcule la diminution que subirait le déclarant dans la même hypothèse ; cette différence est donée au nouvel héritier et à l'héritier déjà constitué qui se le partagent proportionèlement aux droits qui viènent d'être calculés. Mais si l'héritier déjà constitué récuse la déclaration, l'augmentation qui lui reviendrait est laissée au déclarant. Quelques uns prétendent cependant qu'elle est donée d'office à l'héritier déjà constitué.

Déclarations successives. — Un héritier A en

déclare un autre B, puis un second C après que B a touché ce qui lui revient. De toutes façons la part donée à B lui est acquise. Pour la fraction que A doit doner à C, il y a deux théories : 1° d'après Sahnoûn on calcule par le procédé général, come si B était un héritier déjà constitué et récusant ; 2° d'après Achhab A a fait une faute en ne déclarant pas du premier coup tous les héritiers qu'il connaissait ; il doit en supporter les conséquences ; on calcule ce qui reviendrait à C si B et C étaient reconnus en même temps ; C est traité d'après cette hypothèse.

Exemple : Un fils A déclare un second fils B, puis après le partage un troisième fils C. B reçoit 1/2 qui lui est acquis, A reste avec 1/2. Pour C d'après le système de Sahnoûn qui est le procédé général : A et C auraient avec l'admission générale chacun 1/3 ; A cède à C 1/2–1/3 soit 1/6. Dans le système d'Achhab : on suppose que A déclare B et C en même temps, chacun recevrait 1/3 ; C est traité d'après cette hypothèse ; il reçoit 1/3 de A qui reste avec 1/6.

Déclaration en cascade. — Un héritier A en déclare un autre B lequel en déclare un autre C et ainsi de suite. Pour la part de B on calcule ce qui reviendrait à A dans l'hypothèse de l'admission de B ; A cède la différence entre cette somme et ce qu'il a réellement reçu. Quant à la part de C il y a deux théories : d'après Sahnoûn on continue come on a fait pour B ; on calcule ce qui reviendrait à B avec l'admission de C, et B cède à

C la différence entre cette somme et ce qu'il a réèlement reçu. Avec le systéme d'Ibn Abi Leïla, nous
supposerons pour plus de simplicité que A, B, C,
sont des héritiers de la même catégorie. On calcule
ce que le déclarant de B, c'est à dire A, aurait cédé
s'il avait reconnu lui même B et C, on en prend la
moitié, et on alloue cette moitié à B à la place de
la part qui lui avait été réèlement cédée, pourvu
que cette moitié ne soit pas supérieure à ladite
part ; le surplus de ce qui avait été cédé à B est
pris par C. Si B et C sont des héritiers de catégories différentes, après avoir calculé ce que A
aurait cédé s'il avait reconnu B et C, au lieu de le
diviser par moitié, on le partagera dans une proportion convenable.

Exemple : Une fille A reçoit $1/2$. Elle déclare
une autre fille B ; leur part commune serait portée
à $2/3$ dont la moitié pour chacune. A cède à
B $1/2-1/3$ soit $1/6$. B déclare une autre fille C.
Règle de Sahnoûn : avec l'admission de C, B
aurait droit à $2/9$ ou $4/18$, elle n'a reçu que $3/18$,
elle ne cède rien. — Règle d'Ibn Abi Leïla : Si A
avait admis B et C, elle aurait été réduite à $2/9$ et
aurait cédé $1/2-2/9$ soit $5/18$ à partager entre B et
C soit $5/36$ pour chacune. Or, B a reçu $6/36$; elle
cède à C $1/36$. Ce système est donc un peu plus
avantageux pour C dans quelques cas.

Déclaration relative à la naissance d'un nou-
veau né. — Ce cas s'appèle : déclaration sur
le premier cri de l'enfant, parceque ce premier
cri est le signe le plus certain que ce nouveau

né a vécu. Ce cas se présente quand un home meurt en laissant une femme enceinte ainsi que plusieurs héritiers, et que, parmi ceux ci, les uns affirment que l'enfant a vécu, les autres le nient. On fait le calcul d'abord dans l'hypothèse que l'enfant est mort-né, puis dans celle qu'il a vécu. On voit quels sont les héritiers pour lesquels la seconde hypothèse est avantageuse ou désavantageuse ; les seconds cèdent aux premiers l'excèdant que leur done la première hypothèse ; mais ici il y a deux théories : d'après la Tlemsâniya et son commentateur, les héritiers admettant la vie de l'enfant sont les seuls à céder leur excèdant ; mais El Chati déclare que c'est une erreur grossière, parcequ'il n'en est pas ici come pour une déclaration d'héritier contestée ; dans celle ci la parenté n'est pas établie ; c'est aux déclarants seuls à supporter les conséquences de leur déclaration. Mais ici la parenté est certaine ; la seule chose contestée est la vie de l'enfant Or, il est de principe que quand des gens honorables ne sont pas d'accord sur un fait, on partage le différend (Ibn el Cacem) ; il en résulte que les récusants au lieu de conserver leur part complète doivent contribuer dans une certaine mesure à compléter la part des héritiers qui sont lésés par l'hypothèse de l'enfant mort-né. A cet effet ils cèdent la moitié de leur excèdant, tandis que ceux qui admettent la vie de l'enfant cèdent la totalité de leur excèdant.

Exemple : Un home meurt en laissant une

femme enceinte et deux frères A et B. A la naissance de l'enfant, la mère et A affirment qu'il a
vécu ; B le nie. Dans l'hypothèse de la récusation,
il n'y a qu'un héritage.

épouse 1/4   A et B le reste, soit 3/4
ou épouse 6   A 9, B 9,   base 24

Dans l'hypothèse de l'admission il y a deux héritages successifs :

1° épouse 1/8, fils : le reste,   A et B rien
ou épouse 3,   fils 21, A et B rien, base 24

2° A la mort de l'enfant, l'épouse hérite come
mère du tiers de son bien, soit 7, et chaque frère
come oncle de la moitié du reste, c'est à dire
chacun de 7 ; la répartition est donc : épouse 10,
A 7, B 7.

Avec la récusation la mère a un déficit de 4,
A et B ont chacun un excédant de 2. A cède tout
son excédant et ensuite : d'après la Tlemsâniya
B ne cède rien, d'après el Chati, il cède 1, et il vient :

épouse 9,   A 7   B 8

Accords, transaction entre héritiers.

Les accords ou transactions entre persones
qui ont des intérêts en litige sont licites. Ils se
divisent en trois classes : la *moaouda*, remplace-
ment, dans lequel une des parties renonce à
son dû en échange d'autre chose ; l'*ibra*, abandon,
dans lequel elle renonce purement et simplement,
et enfin la combinaison des deux. Dans les héritages il peut arriver qu'un des héritiers conclue

avec les autres un accord en vertu duquel sa part
sera augmentée, ou au contraire diminuée, ou
même abandonée entièrement, en échange de
certaines conditions stipulées, par exemple l'ex-
tinction d'une créance. Pour plus de brièveté
j'appellerai *accordé* celui qui propose l'accord
et *accordant* celui qui l'accepte.

S'il n'y a qu'un accordé, les accordants four-
nissent (ou reçoivent suivant le cas) proportionèlement à leurs parts une fraction de l'augmentation (ou de la diminution) résultant pour
l'accordé de l'acceptation de l'accord.

Exemple : une épouse $1/4$, trois frères le reste $3/4$.

ou épouse 1, chaque frère 1, base 4.

L'épouse propose qu'on lui complète sa part
à $1/3$ moyennant l'abandon d'une dette. Les frères
acceptent. Avec l'accord les héritiers auront :

épouse $1/3$ les frères le reste $2/3$

ou épouse 3 chaque frère 2 base 9

Ou, en prenant la même base pour les deux cas :

avant l'accord : épouse 9, chaque frère 9, base 36

après l'accord : id. 12,   id. 8, id.

L'augmentation produite pour l'épouse par
l'accord est 3 dont chaque frère donne le tiers.
On revient par la simplification aux chiffres
donés ci dessus : épouse 3, chaque frère 2, base 9.

Si un des frères ne consentait pas, l'augmentation serait alors supportée par les deux autres ;
en doublant la base 36 chaque accordant cèderait
3, et l'on aurait :

épouse 24,   chaque frère accordant 15 ;

le frère récusant 18, base 72 ; ce qui se simplifie
ainsi : épouse 8, chaque frère acc. 5 ; frère réc. 6,
base 24.

Quand un héritier fait abandon complet de sa
part il n'y a pas de calcul particulier à faire ; on
le considère comme non existant. Mais il peut
arriver qu'en abandonant tout ou partie de sa
part, il stipule qu'elle sera partagée non pas
proportionèlement aux parts des accordants, mais
également entre tous, ou bien suivant telle autre
proportion fixée par lui ; on prévoit même le cas
où l'accordé abandonant une partie de sa part,
stipule qu'il participera au partage de la fraction
abandonée par lui dans la proportion de ce qu'il
garde ou dans toute autre proportion. Ce sont
autant de petits problèmes d'arithmétique inventés
par l'ingéniosité des successionistes. La solution
générale est donnée par la formule suivante :

Dans le cas le plus général prenez un accordé
come s'il était seul ; calculez les diminutions ou
augmentations qui incombent de son fait à chacun
de ses accordants. Faites successivement le même
calcul pour tous les accordés ; puis faites pour
chaque accordant la some des diminutions ou
augmentations qui lui incombent.

Legs.

Contrairement à d'autres actes, le droit de
léguer est reconnu même à l'enfant pourvu qu'il
sache faire la différence d'une bone euvre et

d'une mauvaise, à l'home peu honorable, au pauvre d'esprit, à l'home au cerveau troublé pourvu qn'il n'ait pas perdu toute intelligence. L'esclave ne peut rien léguer parce que son bien appartient à son maître.

Le leg est un des moyens employés pour corriger les inégalités provenant de l'absence de la représentation. Dans l'esprit du législateur la faculté de léguer a surtout pour but d'avantager les bones euvres et par là de profiter au mort. Le Prophète a dit : « Dieu vous a doné deux choses qu'il n'a donées à aucun autre peuple avant vous : la prière des croyants sur votre corps et la disposition du tiers de vos biens après votre mort en sus de vos bones actions ».

Comme tous les actes de la vie, le leg peut affecter un des cinq caractères suivants. Il peut être : obligatoire s'il s'agit d'une chose qui est due en réalité, telle que la réparation d'un tort ; à conseiller s'il s'agit d'une bone euvre ; licite quand il s'agit d'une chose permise ; défendu quand il s'agit d'une chose que la loi défend, par exemple de faire pousser des cris et des lamentations sur le cadavre ; détestable et haïssable quand il s'agit d'une chose mauvaise.

Le leg peut être fait verbalement et établi par voie de témoignage. Il porte le nom significatif de *Ouacia*, recommandation. Le Prophète a dit : « Un musulman qui a reçu une recommandation ne doit pas passer deux nuits (sans l'accomplir) à moins qu'il la possède chez lui par écrit ». Quelques uns pensent que ce délai doit s'entendre dans l'état de maladie qui peut amener la mort avant que le malade ait pris ses dispositions.

Le testateur peut toujours modifier à son gré son testament, sauf s'il y a introduit une clause pour l'afranchissement d'un esclave; cette dernière clause est irrévocable. Ceci est motivé par la dignité et l'importance attachées à l'acte d'afranchir un esclave. Il est parlé de cet acte dans le Coran et la Sounna come d'un des moyens d'expier un gros péché.

On admet que la délivrance des legs est obligatoire après la mort. Elle ne peut donc être ajournée come on ajourne quelquefois le partage de l'héritage, à moins que le légataire y consente.

Sauf consentement des héritiers, le total des legs ne doit pas dépasser le tiers de la succession et aucun leg ne doit être fait à un héritier. Le Prophète a dit : « Dieu a doné à chacun ce qui lui revient; il ne doit pas y avoir de leg pour un héritier légal ». Sâd ben Abi Ouaqqas a raconté qu'étant très malade et n'ayant qu'une fille, il demanda au Prophète l'autorisation de disposer des deux tiers de ses biens. « Non, répondit Mohammed. — Et la moitié ? — Non, le tiers seulement, et c'est déjà beaucoup ».

Si le testateur a obtenu préalablement le consentement de ses héritiers, les avis sont partagés sur la validité de ce consentement. On admet le plus généralement que s'il a été doné alors que le malade était en bone santé, les héritiers peuvent toujours le retirer, à moins que cela ait eu lieu avant le départ pour une expédition ou un voyage lointain. Si le consentement a été doné pendant la dernière maladie, les héritiers ne peuvent le retirer, sauf les persones qui vivaient avec le testateur et sous sa dépendance ; celles ci peuvent toujours revenir sur leur parole. Ceci parait être motivé par le peu d'indépendance morale dont jouissent ces persones. Mais pour les autres le motif juridique est tout différent ; tant que le testateur est bien portant, les héritiers n'ont encore aucun droit sur son bien ; le consentement qu'ils donent sur ses biens est donc sans valeur, et il ne devient valable que s'il est confirmé par eux plus tard, aux moins tacitement. Au contraire, si le testateur est gravement malade, les héritiers ont déjà une sorte de droit sur la succession ; leur consentement les engage. On a vu que le mariage en état de maladie grave est interdit parce qu'il troublerait l'ordre de l'héritage qui est considéré come déjà virtuèlement fixé.

Pour plus de brièveté, dans ce qui va suivre, j'appèlerai héritier *consentant*, celui qui admet une dérogation soit à la loi du maximum du tiers, soit à celle de l'interdiction d'un leg en faveur d'un héritier.

Héritier consentant endetté envers le mort. — On calcule d'abord tout, en adjoignant cette dette au comptant de la succession. On done à l'héritier débiteur sa part en lui donnant d'abord sa dette. Si on arrive ainsi à éteindre la dette, tout est dit,

mais si cela ne suffit pas on fait supporter la diffè-
rence à la fois aux autres héritiers et aux légataires proportionèlement à leurs parts de succession respectives.

*Héritier consentant endetté envers un autre
que le mort.* — Le consentement doné par cet
héritier peut avoir pour effet de léser son créancier, en le privant de la possibilité de saisir la
portion d'héritage à laquelle cet héritier consentant renonce. Si le bien possédé antérieurement
par cet héritier et la portion d'héritage qu'il
conserve suffisent pour payer le créancier, l'augmentation consentie pour le leg va à son desti-
nataire ; mais si ces quantités ne suffisent pas, le
créancier reçoit tout ou partie de cette augmentation, de manière à être désintéressé autant que
possible.

Leg fait à un individu qui devient héritier
postérieurement au testament. — On ne considère que la situation finale. Cet individu étant
héritier au moment de la mort le leg est nul. On
ne parle pas de la possibilité d'acquiescement des
autres héritiers. On admet sans doute que la
volonté du mort de laisser un leg à un héritier
n'est pas suffisamment démontrée.

L'inverse peut se produire : un leg peut être
fait à quelqu'un qui était héritier au moment du
testament et qui ne l'est plus au moment de la
mort. Exemple : un home avait plusieurs frères ;
il laisse un leg à l'un d'eux ; il lui nait un fils, et
il meurt sans avoir modifié son testament. Il y a

deux avis : les uns disent que le leg est caduc
parcequ'ils considèrent seulement la situation
finale. Les autres (Ibn el Cacem) disent avec plus
de raison : le mort s'est tu quand il lui est né un
fils, donc il a confirmé son testament.

Legs dépassant le tiers et legs faits à des héritiers. Il se présente ici un grand nombre de
variétés pour chacune desquelles on done une
règle particulière, mais elles peuvent toutes être
comprises dans une règle générale qui peut être
présentée sous les deux formes suivantes :

1° Partagez toute la succession entre les héritiers comme s'il n'y avait pas de legs. Faites le
calcul de ce qui revient à chaque légataire dans
l'hypothèse de la récusation générale, c'est le
minimum de ce à quoi chacun d'eux a droit ; pour
les légataires héritiers ce minimum est zéro. Chaque héritier done ensuite à chaque légataire une
fraction de sa propre part qui soit la fraction à
laquelle il acquiesce pour le dit légataire, et qui
est au moins le minimum calculé ci-dessus.

2° Faites le partage de la succession avec la
récusation générale; chaque légataire reçoit le
minimum de ce à quoi il a droit. Chaque héritier
prélève ensuite sur sa part une portion de la différence qu'il accepte en faveur de chaque légataire.
Cette portion est proportionèle à la part de l'héritier dans l'héritage.

La première formule est d'une application un
peu plus facile.

Legs privilégiés.

Afranchissement d'esclaves. — L'afranchissement d'esclaves prime tous les autres legs ; ces
derniers sont ensuite réduits s'il y a lieu. Il y a
d'autres bones euvres privilégiées, mais qui mar-
chent après l'afranchissement ; telle est la dot de
la femme épousée pendant la maladie. Si le tiers
dispontble augmenté éventuellement par le consentement des héritiers ne suffit pas pour l'afranchissement, l'esclave est afranchi partièlement
dans la mesure que permet la somme qui lui est
affectée. La valeur de l'esclave doit être comptée
dans le total de la succession.

Exemple : Un home laisse 10 dinars et un
esclave valant 5o dinars ; le total de la succession
est 6o dinars. L'esclave est afranchi pour le tiers,
soit 20 ou les 2/5 de sa valeur.

Ce que l'esclave possède est estimé et compté
dans la succession. S'il est afranchi partièlement,
ce bien le suit ; il appartient en quelque sorte à
la partie afranchie de l'esclave ; le nouveau maître
ne peut pas prétendre à une part de ce bien
proportionèle à la part d'esclave qu'il possède.

S'il y a plusieurs esclaves et si le tiers disponible ne suffit pas à les afranchir tous, on consacre
ce tiers à afranchir une même proportion de
chacun d'eux, à moins qu'il y ait parmi eux un
modabbar, auquel cas celui-ci est privilègié. On
appelle ainsi l'esclave auquel le maître a promis,

par contrat, l'afranchissement après sa mort. Il
faut remarquer que si, pendant sa vie, le maître
peut toujours afranchir complètement son esclave,
il ne peut pas promettre cet afranchissement
complet après sa mort, car l'esclave même modabbar passe dans la succession, et ne peut plus
être afranchi qu'au moyen d'un leg pris sur le
tiers disponible. Ce leg est prélevé d'office par le
seul fait de l'existence du contrat du modabbar.
Par conséquent, si le maître prévoit des afranchissements dans son testament, et s'il y a à la
fois un modabbar et d'autres esclaves, on consacre
d'abord la somme disponible au modabbar, puis
s'il reste quelque chose on le consacre aux autres
esclaves.

On a vu plus haut que si un héritier doit au
mort plus que sa part d'héritage, les autres héritiers et les légataires sont réduits dans une certaine
proportion ; cette réduction s'applique aussi aux
afranchissements. Ainsi : s'il y a un modabbar et
un héritier débiteur envers le mort, on affecte au
modabbar une part de l'actif égale à sa propre
valeur, si possible, mais sans dépasser le tiers de
l'actif. Si cela ne suffit pas, on lui attribue une
part de dette qui complète si possible sa valeur,
mais sans dépasser le tiers de la dette. *Tous* les
héritiers se partagent le reste de l'actif et le reste
de la dette séparément ; puis le modabbar et les
héritiers non débiteurs se retournent contre le
débiteur et exercent proportionèlement à leur part
de dette une reprise sur la portion d'actif qui lui

était échue. Le modabbar est afranchi pour la part d'actif qu'il a reçue. Si la dette n'est pas éteinte, tous restent créanciers du débiteur, et si plus tard celui-ci rembourse quelque chose, le modabbar est afranchi proportionèlement.

Leg d'une part indéterminée. — Si le testateur lègue une fraction sans indiquer laquèle, le leg est valable ; mais il y a divergence sur la quotité à fixer pour cette fraction. Suivant Ibn el Cacem, on prend pour numérateur l'unité et pour dénominateur la base primitive, c'est à dire le dénominateur commun avant le partage dans l'intérieur des groupes, à moins qu'il y ait des enfants, auquel cas on prend le dénominateur commun obtenu pour le partage entre les enfants. S'il n'y a pas d'héritier, on done $1/6$. Suivant Achhab, le leg sera dans tous les cas de $1/8$ qui est la plus petite des parts légales créées par Dieu.

Leg d'une part égale à celle d'un héritier déterminé. — Un home peut dire dans son testament : je lègue une part égale à celle d'un de mes enfants. Deux cas peuvent alors se présenter : il n'y a pas d'héritiers à part légale, ou il y en a. Ier cas ; il y a deux solutions : on divise le bien par le nombre des enfants sans distinction de sexe (Malik), ou bien on le divise par le nombre des enfants plus un ; le quotient est le leg. Avec la doctrine de Malik, le légataire reçoit en réalité une part plus forte que celle des enfants ; s'il y a trois fils, le légataire aura $1/3$ ou $3/9$; les frères se partageront les deux autres tiers, soit chacun $2/9$.

— 2e cas. On calcule ce qui revient aux héritiers à part légale, on le déduit de la succession, et c'est ce reste qu'on divise soit par le nombre des enfants (Malik), soit par le nombre des enfants plus un. Le quotient est le leg ; on le retranche de la succession et on partage le reste entre les héritiers à part légale et les acebs s'il y en a.

Si le testateur se borne à dire : je lègue à un tel une part, sans autre indication, on divise le bien par le total du nombre des héritiers sans distinction de sexe ; le quotient forme le leg.

Héritier débiteur.

On a vu à propos des afranchissements d'esclave ce qui arrive dans ce cas particulier quand un héritier devait au mort.

Il peut arriver qu'un héritier qui ne possède rien doive seulement au mort, ou à la fois au mort et à un étranger. Je comprendrai sous ce nom d'étranger tout créancier autre que le mort, qu'il soit héritier ou non. Je donerai immédiatement la règle pour le cas où il y a dette envers le mort et un étranger. On en déduira par simplification celle du cas où l'héritier débiteur ne devait qu'au mort.

Partager la dette entre tous les héritiers, débiteur compris proportionèlement à leurs droits. Le débiteur éteint la portion de sa dette qui lui échoit ; les autres héritiers deviènent ses créanciers. Partager ensuite le comptant entre tous les héritiers, débiteur compris ; les autres héritiers prènent ce qui leur revient. Prélever sur la part qui reviendrait au débiteur ce qui est nécessaire pour payer tous ses créanciers, y compris l'étranger. Si cette part ne suffit pas, partagez la entre tous les créanciers proportionèlement à leurs créances, et ils restent tous créanciers pour le surplus.

Mounasâkha. — Héritier mort avant le partage.

Il peut arriver que un ou plusieurs héritiers meurent avant que le partage ait été effectué. On dit alors qu'il y a mounasâkha, effacement ; les héritiers morts sont effacés. Il semble qu'il n'y ait rien là qui motive un examen particulier. Au moment du règlement de compte, nous partagerions d'abord come si tout le monde était vivant ; nous donerions aux vivants leurs parts ; puis nous passerions au partage de l'héritage des morts entre leurs héritiers quels qu'ils soient. Mais les Arabes n'opèrent pas tout à fait ainsi, parcequ'ils tiènent à ce que les parts de tous les vivants soient exprimées en fractions du bien à partager, c'est à dire du premier héritage. C'est une simple affaire de procédé de calcul. Les successionistes se livrent à ce sujet à de longs développements. Il en sera dit quelques mots à propos des procédés de calcul Arabes.

Mise en possession de l'héritage.

Les parts de chacun ont été déterminées sous la forme d'une fraction de l'héritage ou de la succession. Croire que tout est fini serait une grosse erreur. Il reste à traduire cette fraction sous la forme du chiffre à remettre à chaque partie prenante soit come espèces, soit come biens fonds, meubles, etc. Cette opération qui nous paraît si simple exige 47 vers de la Tlemsâniya et un long commentaire d'el A'snoûni.

S'il n'y a que de l'argent, ou, ce qui revient au même, si on a pu transformer les autres biens en argent par vente ou estimation, il ne reste qu'à exprimer en argent la valeur de la fraction attribuée à chacun. Voici qui donera une idée des minuties dans lesquelles tombent les successionistes. Soit à prendre les 2/3 d'une somme S ; il y a là à résoudre une proportion, ou ce que nous appelons une règle de trois. Pour cela on nous done trois procédés : 1° Multiplier S par 2 et diviser le produit par 3 ; 2° diviser S par 3, et multiplier le quotient par 2 ; 3° diviser 3 par 2, et diviser S par le quotient. Puis viè*nent les procédés à employer quand ces nombres ont des factèurs communs. Suivant certains auteurs il y a dix procédés pour faire le partage effectif de l'héritage ; d'autres arrivent à quatre vingt.

On nous enseigne des naïvetés de ce genre : Un héritage comprend de l'argent et d'autres biens ; un des héritiers prend pour sa part ces autres biens avec l'agrément des autres héritiers ; ceux ci se partagent l'argent come si le premier n'existait pas. Si celui qui a pris les autres biens a pris aussi un peu d'argent, les autres héritiers se partagent ce qui reste. Si, au contraire, il a doné un peu d'argent en retour, on ajoute cet argent au comptant et on partage le total entre les autres héritiers.

Enfin, on résout de petits problèmes d'arithmétique du genre de celui-ci : connaissant l'argent qui se trouve dans l'héritage, et sachant qu'un héritier a pris pour sa part les autres biens, quelle est la valeur qui a été attribuée à ces autres biens ?

Je ne suivrai pas plus loin mes auteurs dans l'énumèration de ces enfantillages où je crains même d'être allé trop loin.

CHAPITRE IV

CALCULS

❧⟨⟩❧

Notions générales.

Les calculs tiènent une grande place dans la
science des successions. Près du tiers de la Tlemsâniya et de son commentaire leur sont consacrés.
Ce n'est pas que ce développement proviène
d'un goût spécial à nos deux auteurs. Ces calculs
font bien réèlement partie de la science succes-
sorale. A propos d'un procédé d'arithmétique
insignifiant, le commentateur nous apprend que
ce petit artifice fait partie de l'enseignement et
que tout professeur a le droit d'en exiger la
récitation.

Ces calculs ne sont cependant pas d'un ordre
bien élevé puisqu'ils se réduisent à peu près à la
recherche du plus petit multiple et au partage en
parties proportionèles. Mais d'abord ils sont présentés sous une forme insolite pour nous, à
laquelle il faut s'habituer. On a vu que les Arabes

évitent autant que possible de se servir de fractions et préfèrent opérer sur des nombres entiers. Il est certain que, pour les successions, ce système est avantageux. Bien qu'au fond, on ait à faire les mêmes multiplications et divisions qu'avec nos procédés, les écritures débarrassées de la forme fractionaire sont certainement plus simples. Nous donerons donc quelques explications permettant de suivre facilement la méthode Arabe.

Mais il est une autre source de difficulté bien plus grande. L'application du calcul par le système Arabe aux règles de succession exposées précédemment peut être faite facilement avec un peu d'attention et presque sans raisonement, en appliquant une méthode constante. Mais les successionistes semblent vouloir éviter toute ombre de raisonement ; ils préfèrent s'adresser à la mémoire d'ailleurs très grande de leurs élèves ; le plus souvent ils donent une formule empirique conduisant au résultat ; quelquefois ils en donent deux ou trois pour un même cas. Il est inutile de charger sa mémoire de toutes ces formules. J'en donerai cependant quelques unes à titre d'exemple.

On a vu que, pour éviter les fractions, on est constamment amené à chercher le plus petit multiple de deux nombres. Les Arabes n'ont pas de mot pour désigner le plus petit multiple ; mais ils ont d'autres mots techniques qu'il est nécessaire de connaître.

Quand deux nombres sont premiers entre eux, on dit qu'ils sont *moubaïna* ou *moufarâqa* ; je les appèlerai *discordants*. Quand ils ont un facteur commun, on dit qu'ils sont *mouâfiqa*, concor- dants. Soient deux nombres concordants A et B ; soit D leur plus grand commun diviseur, on dit qu'ils concordent par $\frac{1}{D}$, et on l'explique en disant que $\frac{1}{D}$ est la plus petite même fraction que l'on puisse prendre de ces deux nombres. Cette frac- tion $\frac{1}{D}$ s'appèle la *mouâfqa, concordance* des deux nombres.

Soient deux nombres A et B, et D leur plus grand commun diviseur. On a : A = aD et B = bD. Le plus petit multiple est abD qui est égal à Ab et à aB. C'est sous une de ces deux formes que les Arabes le prènent. *a* s'appèle le *ouafq* de A (par rapport à B), et *b* s'appèle le *ouafq* de B (par rapport à A). Je traduirai ce mot *ouafq* par *quotient de concordance*, et je le représenterai par l'abréviation *qc*. On voit que le *qc* d'un nombre par rapport à un autre est le quotient du premier par leur plus grand commun diviseur (1). D'après la méthode arabe, quand deux nombres A et B concordent par $\frac{1}{D}$, pour prendre le *qc* de B, on prend la fraction $\frac{B}{D}$ qui n'est autre que notre nombre *b*. Pour avoir le plus petit multiple de A et de B, on multiplie A par le *qc* de B, ou B par le *qc* de A.

En principe, on peut faire l'une ou l'autre de ces multiplications ; mais dans les calculs succes-

_____

(1) Au lieu de dire qc. de B par rapport à A, je dirai sim- plement pour abréger qc. de B, toutes les fois qu'il n'y aura pas d'équivoque à craindre.

soraux qui nous occupent, où l'on veut multiplier tous les termes ou *sihams* de la succession, et par suite la base par un même nombre, c'est le siham que l'on doit multiplier par le qc. de son diviseur. Ce qc. est le facteur par lequel on multiplie tous les sihams. Exemple :

Père 1/6, mère 1/6, 6 fils le reste soit 4/6, ou bien

— I, — I, — 4 base 6.

Le siham des fils 4 n'est pas divisible par leur nombre 6 ; ces deux nombres concordent par 1/2. Je multiplierai donc tout par le qc. de 6 qui est 1/2 de 6 ou 3. La nouvelle base ou *msala* sera 18. La forme habituèle employée par les auteurs arabes est alors : « Que celui qui avait quelque chose avec la base 6, viène le prendre multiplié par 3 avec la base 18. » Cela donera :

Père 3, mère 3, 6 fils 12, dont 2 pour chacun.

Le qc. d'un nombre par rapport à plusieurs autres est également le quotient de ce nombre par le plus grand commun diviseur de tous. Soient trois nombres A, B et C, et soit D leur plus grand commun diviseur ; ces trois nombres sont respectivement égaux à aD, bD et cD ; leur plus petit multiple est abcD, ou abC, ou aBc, ou Abc, c'est à dire le produit de l'un d'eux par le produit des qc. des autres ; mais on en voit peu d'exemples dans les calculs de mes auteurs ; ils préfèrent procéder pas à pas : prendre d'abord le plus petit multiple de A et de B, puis celui du nombre ainsi obtenu et de C, etc.

Quant au procédé pour trouver la concordance,

les Arabes connaissent bien la décomposition en
facteurs premiers qu'ils appèlent *hell,* ouvrir ;
mais ils ne s'en servent pas. Voici leur procédé
usuel : diviser le plus grand nombre par le plus
petit, puis celui-ci par le reste de la division et
ainsi de suite jusqu'à ce qu'on obtiène un reste
nul. Le dernier diviseur employé est le plus grand
commun diviseur, inverse de la concordance.
C'est pour cela que le plus grand commun diviseur
s'apèle *râdji', revenant,* parcequ'on l'obtient en
revenant d'un nombre sur le précédent. Dans la
pratique, on n'a pas l'occasion de se servir de ce
procédé, parceque les facteurs premiers communs
aux deux nombres sont toujours faciles à distinguer.

L'opération consistant à remplacer un nombre
A non divisible par B par un autre qui soit divisible, et qui n'est autre que remplacer A par le
plus petit multiple de A et B s'appèle souvent par
abréviation réduire les deux nombres en un seul.
On la rencontre à chaque instant exprimée sous
cette forme : « Examinez les deux nombres ; s'ils
sont concordants, multipliez l'un par le qc. de
l'autre ; s'ils sont discordants, multipliez l'un par
l'autre ; si l'un est divisible par l'autre, prenez le
plus grand ; s'ils sont égaux, prenez l'un d'eux. »
Cette quadruple distinction peut être supprimée
en employant l'expression : prenez leur plus petit
multiple, qui manque aux Arabes. On peut également la supprimer en se servant de leur terme
de concordance, et dire dans tous les cas : multi-

pliez l'un par le qc. de l'autre, en observant que quand deux nombres sont dits discordants, ils concordent en réalité par l'unité, et que le *qc.* de l'un d'eux n'est autre que ce nombre lui-même ; quand l'un est divisible par l'autre, le plus petit a pour qc. l'unité. Quand ils sont égaux, l'un quelconque d'entre eux a pour qc. l'unité.

Au début du calcul d'un partage, les sihams n'ont pas de facteur commun à tous ; tant qu'on ne fait que rendre possibles des divisions qui ne l'étaient pas, on n'introduit pas de facteur commun à tous, par conséquent à la fin des calculs, les sihams sont encore premiers entre eux ; il n'y a pas de simplification à faire. Mais si on a fait des additions ou soustractions sur les sihams, come par exemple si on a fait sur une part un prélèvement qu'on répartit entre les autres, les nouveaux sihams peuvent très bien avoir des facteurs communs à tous ; on doit alors les simplifier en faisant disparaître ces facteurs communs. On va en voir un exemple à la suite d'un partage proportionel.

Partage en parties proportionèles. — Soit un nombre N à partager proportionèlement à *a* et *b*. Les parts seront a $\frac{N}{a+b}$ et b $\frac{N}{a+b}$. Elles auront donc toutes un facteur commun $\frac{N}{a+b}$ qui s'appèle *fraction de part.* Le diviseur commun a + b s'appèle le *hiças.* Ce sont deux expressions commodes qui manquent au Français et que j'emploierai souvent.

Soit un héritage dont les parts sont :

A 1/3, B 1/6, C 1/8, D le reste soit 3/9 ⎞
ou A 8, B 4, C 3, D 9 ⎠ base 24.

Pour une raison quelconque, on fait sur la part de D un prélèvement de 1/5 de cette part, à répartir proportionèlement entre A, B et C. 9 n'est pas divisible par 5, étant discordant avec lui ; multiplions tout par 5, il vient :

A 40, B 20, C 15, D 45 dont 1/5, soit 9 pour le prélèvement, et le reste 36 reste à D. Base 120.

Le prélèvement 9 devant être partagé proportionèlement à 8, 4 et 3, doit être rendu divisible par leur somme ou *hiças* 15. Ces deux nombres concordent par 1/3 ; multiplions tout par le qc. de 15 qui est 5, il vient :

A 200, B 100, C 75, D garde 180, et le prélèvement est 45 ; base 600. Le prélèvement 45 divisé proportionèlement à 8, 4 et 3 done pour : A 24 ; B 12 ; C 9. On a donc définitivement :

A 224, B 112, C 84, D 180.

Les additions et soustractions ont eu pour effet de rendre tous ces nombres concordants par 1/4. Ils se réduisent donc à :

A 56, B 28, C 21, D 45, base 150.

Remarques sur les bases et sur l'Aoul.

Les fractions légales définies par la loi sont : 1/2, 1/3, 2/3, 1/4, 1/6, 1/8. En combinant les dénominateurs de toutes les manières possibles, on ne trouve que sept plus petits dénominateurs

communs ou bases qui sont : 2, 3, 4, 6, 8, 12 et
24. Ce sont les sept bases primitives. Quelques
uns en admettent cependant deux autres qui sont
18 et 36. Elles se présentent quand un aïeul est
en concurrence avec des frères.

Exemple de 18 : mère $1/6$, un aïeul, des frères.
Il reste $5/6$ pour l'aïeul et les frères. On a vu que
l'aïeul a le droit de prendre $1/3$ de ce qui reste si
cela lui est plus avantageux ; c'est ce qui arrive
par exemple quand il y a cinq frères. Les parts
sont alors mère $1/6$ aïeul $5/18$ les frères le reste.
La base est 18.

Exemple de 36 : une épouse $1/4$, mère $1/6$, un
aïeul et des frères $7/12$. S'il y a par exemple quatre frères, l'aïeul a avantage à prendre le tiers de
ces $7/12$, soit $7/36$. Cela nous conduit à la base 36.

La majorité des successionistes considère dans
ces deux cas le partage entre l'aïeul et les frères
come analogue au partage dans l'intérieur d'un
groupe, qui se fait avec une base différente de
la base primitive. Par conséquent pour eux, il
n'y a que les sept bases primitives désignées ci-
dessus.

·On peut remarquer que parmi les combinaisons possibles entre les parts légales, les seules
bases qui puissent recevoir l'Aoul sont 6, 12 et
24. Le maximum de l'Aoul est 17. Nos auteurs se
livrent à de longs développements à ce sujet.

J'ai dit que si, dans le cours du partage on
arrive à une indivisibilité, on multiplie tous les
termes du partage par le qc. du diviseur. En pareil

cas, au lieu de faire immédiatement la multiplication, on peut, après avoir reconnu la nécessité
de cette opération, se borner à prendre note du
facteur ; continuer à opérer de même pour les
autres termes, et, arrivé à la fin, faire toutes les
multiplications en une fois, en multipliant tous
les termes par le plus petit multiple des différents
facteurs dont on a pris note. C'est un petit artifice de calcul qui peut être utile quelquefois, mais
il n'y a pas lieu d'en faire une règle ; le calcula-
teur s'en servira quand il le trouvera plus commode. Nos auteurs n'ont pas manqué d'en faire
dans certains cas une règle, qui, étant présentée
sans explication, est plus embarrassante qu'utile.

Héritier hermaphrodite.

Quand il y a des hermaphrodites dans une
succession, on a vu qu'il y a deux théories dont
l'une leur attribue la moyène des parts qu'ils
auraient dans les deux hypothèses de la masculinité et de la féminité. La Tlemsâniya done à ce
sujet la règle suivante :

« Les herm. pris avec chacun de leurs deux
sexes présentent : pour un herm. deux combinaisons ; pour deux herm. quatre combinaisons ;
pour quatre herm. huit combinaisons etc. Prenez
la base pour chacune de ces combinaisons ; rédui-
sez ces bases en une seule (prenez leur plus petit
multiple) ; *multipliez cette nouvelle base par le
nombre des combinaisons*, vous aurez la base

définitive. Avec celle ci faites le partage dans toutes les combinaisons, et prenez pour chaque héritier la moyène de ce qu'il obtient dans chacune d'elles ».

On voit très bien que, puisque nous voulons faire le partage dans chaque combinaison et prendre ensuite une moyène, il faut ramener tous ces partages à être faits avec la même base, et pour cela prendre le plus petit multiple des bases de toutes les combinaisons. Il restera à faire la somme des parts et à diviser par le nombre des combinaisons. La règle de la Tlemsâniya admet que cette division ne sera pas possible ; rien ne prouve à priori qu'il en sera ainsi. Il est vrai que dans l'exemple doné par el Asnoûni qui est cité plus bas, la division n'est pas possible ; mais je vais doner un autre exemple où elle l'est, soient : deux herm. A et B et n fils. Il y a quatre combinaisons A h. B h — A h. B f — A f. B h — A f. B f.

Dans ces combinaisons le partage se fait ainsi :

A 1, B 1, fils n base $n + 2$

A 2, B 1, — 2 n — 2 n + 3

A 1, B 2, — 2 n — id.

A 1, B 1, — 2 n — 2 n + 2

Le plus petit multiple est $(n + 2) (2 n + 2)$ $(2 n + 3)$, avec lequel les parts sont :

1ʳᵉ Combinaison $\begin{cases} A & (2 n + 2) (2 n + 3) \\ \text{un fils} & \text{id}. \end{cases}$

2ᵉ Combinaison $\begin{cases} A & 2 (n + 2) (2 n + 2) \\ \text{un fils} & \text{id}. \end{cases}$

3ᵉ Combinaison $\begin{cases} A & (n+2)\,(2\,n+2) \\ \text{un fils } 2 & (n+2)\,(2\,n+2) \end{cases}$

4ᵉ Combinaison $\begin{cases} A & (n+2)\,(2\,n+3) \\ \text{un fils } 2 & (n+2)\,(2\,n+3) \end{cases}$

Faisons pour A et pour un fils la somme de ces quatre parts, et voyons si ces sommes sont divisibles par quatre. En développant ces quantités, et en supprimant tout ce qui est divisible par 4, elles se réduisent : pour A à 3 n, et pour le fils à 2. Ce dernier n'est jamais divisible par 4, mais il concorde avec lui par 1/2 ; donc toutes les fois que 3 n sera pair, c'est à dire quand n sera lui même pair, il suffira de multiplier tout par 2 et non par 4, pour que la division soit possible. L'application de la règle de la Tlemsâniya conduirait alors à une base deux fois trop forte. Cette règle constitue donc une complication non seulement inutile, mais nuisible, tandis que l'application de la méthode générale de calcul, conduit directement au but.

Voici l'exemple doné par el Asnoûni, mais traité par notre méthode générale.

1 herm.   2 fils

Hypothèse de la masculinité : base 3.

—   féminilité : — 5.

Le plus petit multiple est 15. Avec cette base faisons le partage dans les deux combinaisons.

Herm. home 5   2 fils 10.

Herm. femme 3   2 fils 12.

Faisons la somme et divisons par 2. Il vient :

Herm. 4   2 fils 11   base 15

11 n'étant pas divisible par 2, nous multiplions tout par 2 :

Herm. 8   2 fils 22 dont 11 pour chacun   base 30.

Second exemple : 2 herm. A et B, 2 fils. — Il y a quatre combinaisons :

A h. 1, B h. 1	2 fils 2	base 4
A h. 2, B f. 1	2 — 4	— 7
A f. 1, B h. 2	2 — 4	— 7
A f. 1, B f. 1	2 — 4	— 6

Prenons pour base comune 168, il vient :

A 42, B 42,	un fils 42
A 48, B 24,	— 48
A 24, B 48,	— 48
A 28, B 28,	— 56

Totaux A et B chacun 142, un fils 194. Aucun de ces nombres n'est divisible par 4, mais ils concordent tous avec 4 par $1/2$. En multipliant tout par 2, on peut prendre les moyènes. Chaque herm. reçoit 71, chaque fils 97, base 336.

Héritiers morts avant le partage.

Pour le partage définitif d'un héritage alors que plusieurs héritiers sont déjà morts, on tient à ce que les parts de tous les ayant droit soient exprimées en fractions du premier héritage. Pour cela on comence par partager le premier héritage come si personne n'était mort ; on prend la part P du premier héritier mort H ; elle est exprimée par un certain nombre d'unités de la base du premier partage. On répartit l'héritage de H entre ses héritiers suivant la règle ordinaire ; on arrive ainsi à une certaine base B. Pour que les parts de ce second héritage fussent exprimées en unités de la base du premier, il faudrait que leur somme B fut égale à P. On y arrive, en multipliant les termes de ces deux héritages par des nombres tels que P et B soient remplacés par leur plus petit multiple. A cet effet on multiplie ceux du premier par le qc. de B par rapport à P, et ceux du second par le qc. de P par rapport à B. On fait ensuite la somme de ce qui revient à chacun, et on a la situation après le second partage. On repart de là pour continuer de même avec le second héritier mort et ainsi de suite.

Exemple : une épouse A, quatre frères B, C, D, E. B meurt en laissant : une épouse F, une fille G, trois frères germ. C, D, E.

C meurt en laissant : trois filles H, I, J, deux frères germ. D, E.

H meurt en laissant : une fille K, deux filles de fils L, M, deux seurs germ. I, J.

Premier partage : une épouse A $1/4$, quatre fils B, C, D, E, le reste

ou A 4, B 3, C 3, D 3, E 3. Base 16.

B meurt. Deuxième partage : une épouse F $1/8$, une fille G $1/2$, trois frères C, D, E, le reste

ou F 1, G 4, C 1, D 1, E 1. Base 8.

La part de B dans le premier partage était 3. Multiplions les termes du premier partage par 8, et ceux du second par 3, il vient :

Premier partage :

A 32, B 24, C 24, D 24, E 24. Base 128.

Deuxième partage :

F 3, G 12, C 3 D 3, E 3. Base 24.

Situation après le second partage définitif où B a disparu :

A 32, C 27, D 27, E 27, F 3, G 12. Base 128.

C meurt. Troisième partage : trois filles H, I, J 2/3, deux frères D, E, le reste

ou H 4, I 4, J 4, D 3, E 3. Base 18.

La part de C était 24. Multiplions les termes du deuxième partage définitif par 2, et ceux du troisième par 3, il vient :

Deuxième partage :

A 64, C 54, D 54, E 54, F 6, G 24. Base 256.

Troisième partage ou C a disparu :

H 12, I 12, J 12, D 9, E 9, Base 54.

Troisième partage définitif :

A 64, D 63, E 63, F 6, G 24, H 12, I 12, J 12. Base 256.

H meurt. Quatrième partage : Une fille K 1/2, deux filles de fils L, M 1/6, deux seurs germ. I, J, le reste

ou K 6, L 1, M 1, I 2, J 2. Base 12.

La part de H qui était 12 est précisément égale à la base du partage de sa propre succession. Les unités du quatrième partage sont donc des unités de la base précédente. Résultat définitif :

A 64, D 63, E 63, F 6, G 24, H 12, I 24,
        J 24, K 6, L 1, M 1. Base 256.

El Asnôuni done à peu près la même manière d'opérer, voici comment il l'exprime :

« Une épouse, quatre frères germains. Un des
frères meurt en laissant une épouse, une fille et
les trois frères cités plus haut. Le second frère
meurt en laissant trois filles et les deux autres
frères déjà només, leur base est 18, parceque la
part des filles, soit 2, n'est pas divisible par leur
nombre, pas plus que la part des deux frères qui
est 1. Enfin une des trois filles de ce dernier
meurt en laissant une fille, deux filles de fils et les
deux seurs déjà nomées. La quatrième base est
256. La première était 16, dont 3 pour les frères ;
ce nombre 3 n'est pas divisible par la base de la
succession, et ces deux nombres ne concordent
pas. Multipliez 8 par 16, produit 128, et par les
parts de tous les héritiers. Multipliez ensuite ce
qui revient aux héritiers du second partage par
sa part (du mort) qui est 3 ; il revient au second
frère dans les deux partages réunis 28 ; ce nombre
n'est pas divisible par la base de sa succession qui
est 18 ; mais ces nombres concordent par 1/9 ;
multipliez 1/9 du second, soit 2, par 128, produit 256, et par tout ce qu'ont les héritiers dans les
premier et second partages. Multipliez tout ce
qu'ont les héritiers du troisième partage par 3,
qc. de la part du défunt, il reviendra 12 à la fille.

Faites le total de ce qui revient à chaque
héritier. Il revient à l'épouse dans le premier
partage seul 64 ; à chaque frère dans les premier,
second et troisième partages 63 ; à l'épouse du
frère 6 ; à la fille 24 ; à la fille du frère dans les
troisième et quatrième partages 14 ; autant à sa

6

seur ; à la fille de la fille dans le quatrième partage 6 ; à chaque fille de fils 1. Total 256.

Le poète ne se borne pas là : il donne un
second procédé de calcul que le commentateur
explique ainsi :

« Voici un second procédé pour obtenir ce
qui revient à chacun. Le premier procédé con-
sistait dans les multiplications, le second consiste
dans la division. Il semblerait que ce procédé
s'applique dans le cas de la concordance et de la
discordance ; mais il n'en est rien. Il ne s'applique
que dans celui de la divisibilité, c'est à dire quand
la part (du défunt) est divisible par la base de sa
propre succession. Quand cela arrive, divisez le
premier nombre par le second ; le quotient est la
fraction de part cherchée. Multipliez par ce quotient toutes les parts du second partage exclusivement. »

Ce soi disant second procédé n'est autre chose
que le premier. En effet, quand la part du défunt
est divisible par la base de son propre héritage,
le qc. du second de ces nombres par rapport au
premier est 1, et celui du premier par rapport au
second est le quotient du premier par le second.

Indivisibilité dans les groupes d'héritiers.

Ce qui a été dit précédemment suffit largement pour faire le partage lorsque les parts
collectives d'un ou plusieurs groupes d'héritiers
ne sont pas divisibles par le nombre des têtes du

groupe. Rappelons seulement que, de même que dans la plupart des calculs, on peut opérer de deux manières : 1° Chaque fois que l'on trouve un groupe où il y a indivisibilité, multiplier tous les termes du partage, et par suite la base par un facteur tel que la division soit possible ; puis, partant des nouveaux nombres ainsi obtenus, passer à un autre groupe et ainsi de suite. 2° Après avoir, pour un premier groupe, constaté la nécessité de multiplier par un certain facteur, prendre note de ce facteur, mais sans effectuer la multiplication ; faire de même pour les autres groupes, et à la fin multiplier en une seule fois tous les termes par le plus petit multiple de tous ces facteurs.

Les auteurs Arabes font de cette opération si simple l'objet de longues règles, d'abord pour le cas de l'indivisibilité dans un groupe, puis dans deux, puis dans trois, etc. La Tlemsâniya y consacre 60 vers et le commentaire est proportioné. Voici comment El Asnôuni s'exprime pour le cas le plus général :

« Après avoir pris les qc. des nombres de têtes par rapport aux parts, ou les nombres de têtes s'il y a discordance, ou bien les qc. des uns et les nombres de têtes des autres, on les compare. S'ils sont tous égaux, on se contente d'en prendre un et de le multiplier par la base S'ils sont tous divisibles les uns par les autres, on prend le plus grand et on le multiplie par la base. S'ils sont discordants, on les multiplie les uns par les autres, et on multiplie le produit par la base.

« Quand ils sont tous concordants, il y a plusieurs manières d'opérer. Quand il y a indivisibilité dans trois groupes, et qu'il y a concordance dans chacun d'eux, les *Koufites* sont d'avis de suivre le même procédé que dans le cas de deux groupes. On compare deux des nombres en question (c'est à dire les qc. des nombres de têtes par rapport à la part correspondante ; les comparer, signifie ici prendre leur plus petit multiple) et on compare le résultat avec le troisième. Les Basrites sont d'avis de mettre en réserve un nombre, de préférence le plus grand, puis examiner sa concordance avec chacun des deux autres, et prendre le qc. des deux autres par rapport à lui ; examiner ces deux quotients, multiplier l'un par le qc. de l'autre par rapport à lui, puis le produit par le nombre mis en réserve. »

On peut se demander pourquoi il est préférable de mettre en réserve le nombre plus grand. On constate par l'examen des exemples qu'il n'y a aucune raison sérieuse pour cela. On verra même que, dans l'exemple ci dessous, el Asnôuni s'écarte de cette recommandation.

Exemple :

4 épouses. . .	1/4 ou	3
3 aïeules . . .	1/6 ou	2
1 seur g. . .	1/2 ou	6
20 seurs c. . .	1/6 ou	2
25 seurs ut. . .	1/3 ou	4

Base 17.

Méthode générale. — Nous dirons épouses :

3 n'est pas divisible par 4, et ne concorde pas avec lui. Donc, du fait des épouses, nous devrons multiplier par 4. Aïeules : 2 n'est pas divisible par 9 et n'est pas concordant ; donc du fait des aïeules nous devrons multiplier par 3. La seur g. est seule, il n'y a pas indivisibilité. Seurs cons. 2 n'est pas divisible par 20, mais concorde avec lui par 1/2, donc du fait des seurs cons. nous devrons multiplier par 10. Seurs utérines : 4 n'est pas divisible par 25, ni concordant ; nous devrons donc multiplier par 25. Au total, nous devrons donc multiplier par le plus petit multiple de 4, 3, 10 et 25 qui est 300. Cela donc :

Epouses 900, dont 225 pour chacune ; aïeules 600 dont 200 pour chacune ; seur germaine 1800 ; seurs cons. 600 dont 30 pour chacune ; seurs ut. 1200 dont 48 pour chacune. Total ou base 5,100.

Méthode Koufite. — Dans les groupes des épouses, des aïeules et des seurs ut., les parts sont discordantes avec le nombre de têtes, nous prendrons donc ces derniers, soit 4, 3 et 25. Dans celui des seurs cons. il y a concordance, nous prendrons le qc. 10. Nous avons donc les quatre nombres 4, 3, 10 et 25. Parmi eux, 4 et 3 sont discordants, je prends leur produit 12 ; je compare 12 et 10, ils concordent par 1/2 ; je prends le produit de l'un par la moitié de l'autre, soit 60. Je compare 60 et 25 ; ils concordent par 1/5 ; je multiplie l'un par 1/5 de l'autre, produit 300. Je multiplie ces 300 par la base 17, et j'ai la base définitive 5,100.

On voit que la méthode koufite n'est pas autre
chose qu'un moyen de prendre le plus petit multiple de plusieurs nombres. Il en est de même de
l'autre méthode.

Méthode Basrite. — Arrivez de même que ci
dessus aux quatre nombres 4, 3, 10 et 25. Mettez
en réserve le nombre 10 par exemple. (On voit
qu'il ne sert à rien de prendre le plus grand).
Essayez sa concordance avec les trois autres. Il
concorde avec 4 par 1/2 ; il est discordant avec 3 ;
il concorde avec 25 par 1/5. Multipliez 2 qc. de 4
par rapport à 10 par 3, produit 6 ; multipliez ces 6
par 5, qc. de 25, produit 30. Multipliez ces 30
par 10, nombre réservé, produit 300, que vous
multipliez à son tour par la base 17.

Les Basrites trouvent le moyen de distinguer
une autre variété qu'ils noment le *mouqueyid*,
l'entravé. C'est quand il y a indivisibilité dans
trois groupes, et que le plus grand des trois
nombres que l'on a à comparer, concorde avec
l'un seulement des deux autres, et que celui
ci concorde avec les deux autres. C'est celui ci
qu'on met de côté. C'est une subtilité dont il n'y
a pas à s'occuper.

On s'étonera sans doute de voir dans l'exemple
précèdent emprunté à notre auteur, trois aïeules
héritant à la fois. Mais il ne faut voir dans le choix
de ces nombres que le dessein d'arriver à une
combinaison arithmétique.

En voici une preuve encore plus évidente dans
cet autre exemple où el Asnôuni ne craint pas de
faire hériter 30 aïeules .

21 filles 2/3; 28 seurs g. ou c. 1/6; 30 aïeules 1/6.
ou   4   1   1

Base 6.

Il y a indivisibilité et discordance dans tous les groupes.

Méthode Basrite : Les trois nombres à examiner sont 21, 28 et 30. Mettons en réserve 30. Comparons 30 et 21, ils concordent par 1/3, le qc. de 21 est 7. Comparons 30 et 28, ils concordent par 1/2, le qc. est 14. Comparons 7 et 14, ils sont divisibles l'un par l'autre ; prenons le plus grand 14, et multiplions le par le nombre réservé, le produit est 420, lequel multiplié par la base 6, done la base définitive 2,520.

Déclaration d'héritiers.

On a vu que le déclaré reçoit de son déclarant la différence entre les parts que ce dernier recevrait dans l'hypothèse de l'admission générale du déclaré, et dans celle de la récusation générale. Pour avoir cette différence, il faut que les parts dont il s'agit soient exprimées avec les mêmes unités dans les deux hypothèses, et pour cela que la base soit la même dans les deux cas. Si cela n'a pas lieu, on prendra pour base commune le plus petit multiple des bases des deux hypothèses.

Quand il y a plusieurs déclarés pour un seul déclarant, on leur partage le prélèvement fait sur le déclarant proportionèlement à leurs droits.

Il suffira de doner quelques exemples.

Premier exemple : un seul déclarant, deux déclarés. Une épouse $1/4$; trois seurs ut. $1/3$; un frère et une seur cons., le reste.

La seur cons. déclare un aïeul et une aïeule.

Partage avec la récusation générale : Epouse 3, seurs ut. 4, frère et seur cons. 5, base 12. Ou : Epouse 9, seurs ut. 12 (dont 4 pour chacune), frère cons. 10, seur cons. 5, base 36.

Partage avec l'admission générale : Epouse $1/4$, aïeule $1/6$, seur ut. o, aïeul, frère et seur cons., le reste. Ou épouse 3, aïeule 2, seur ut. o, aïeul, frère et seur cons. 7. Base 12.

L'aïeul partage avec le frère et la seur cons. come s'il était un frère. Soit 7 à partager proportionèlement à 2, 2 et 1 ; le *hiças* est 5. Multiplions tout par 5, il vient : Epouse 15, aïeule 10, aïeul 14, frère cons. 14, seur cons. 7. Base 6o.

Pour que les unités soient les mêmes dans l'admission et la récusation générales, nous prendrons pour base commune le plus petit multiple de 36 et 6o, soit 18o ; il vient :

Avec la récusation : épouse 45, seur ut. 6o, frère cons. 5o, seur cons. 25.

Avec l'admission : épouse 45, seur ut. o, aïeule 3o, aïeul 42, frère c. 42, seur c. 21.

La seur déclarante cède la différence 4 à partager entre l'aïeule et l'aïeul proportionèlement à leurs droits, c'est à dire à 5 et 7. Le *hiças* est 12 ; il concorde par $1/4$ avec 4, nombre à partager. Multiplions tout par le qc. qui est 3, il vient :

Avec la récusation générale : épouse 1o5,

seurs utérines 180 dont 60 pour chacune ; frère c. 150, seur c. 75. La seur c. cède 12 qui sont partagés, savoir : aïeule 5, aïeul 7.

Deuxième exemple : Plusieurs déclarants qui ne sont pas d'accord. Un frère ut. ; trois seurs g. A, B, C ; un frère cons.

A déclare une fille de fils. B déclare une seur germ. D. C déclare un frère g. Le frère cons. déclare une seur cons

Partage avec la récusation générale : frère ut. 1/6 ; trois seurs g. 2/3 ; un frère c., le reste. Ou : frère ut. 3 ; trois seurs g. A, B, C, 12. dont chacune 4, frère c. 3. Base 18.

Avec l'admission de la fille de fils : trois seurs g. 1/2 ; fille de fils 1/6 ; frère c. le reste. Ou : trois seurs g. A, B, C 3, dont chacune 1 ; fille de fils 1 ; frère c. 2. Base 6.

Avec admission de la seur g. D : frère ut. 1/6 ; quatre seurs g. 2/3 ; frère c. le reste. Ou : frère ut. 1 ; quatre seurs g. A, B, C, D 4, dont chacune 1 ; frère c. 1. Base 6.

Avec admission du frère g. : frère ut. 1/6 ; un frère g. et trois seurs g. A, B, C, le reste. Ou : frère ut. 1 ; frère g. 2 ; seurs g. A, B, C, 3 dont chacune 1. Base 6.

Avec admission de la seur cons. : frère ut. 1/6 ; trois seurs g. A, B, C 2/3 ; frère cons. et seur cons. le reste. Ou : frère ut. 3 ; trois seurs g. A, B, C 12 dont chacune 4 ; frère c. 2 ; seur c. 1. Base 18.

Nous avons deux bases de 18, et trois de 6.

Pour réduire tout à la même base, multiplions par 3 tous les termes des partages dont la base est 6. Il vient :

Avec admission de la fille de fils : trois seurs g. A, B, C 9 dont chacune 3 ; fille de fils 3 ; frère cons. 6.

Avec admission de la seur g. D ; frère ut. 3 ; quatre seurs g. A, B, C, D 12 dont chacune 3 ; frère cons. 1.

Avec admission du frère g. : frère ut. 3 ; frère g, 6 ; seurs g. A, B, C 9 dont chacune 3.

Partons de la récusation générale et faisons payer les différences suivantes : A cède à la fille de fils 1. B cède à la seur g. D 1. C cède au frère g. 1. Le frère cons. cède à la seur cons. 1. Résultat définitif : frère ut. 3. Trois seurs g. A, B, C 9 dont chacune 3. Une seur g. D 1. Une fille de fils 1. Un frère g. 1. Un frère cons. 2. Une seur cons. 1. Total 18.

Troisième exemple : Deux héritiers en déclarent un troisième en lui attribuant des qualités différentes.

Il y a ici plusieurs avis :

Une fille A 1/2 ; une seur germ. B 1/2. Elles reconnaissent toutes deux un troisième héritier C, mais A dit : c'est une fille ; B dit c'est une seur germaine.

Partage avec la récusation :

A 1, B 1.   Base 2.

Avec admission de C come fille :

A 1, B 1, C 1.   Base 3.

Avec admission de C come seur g. :

A 2, B 1, C 1.   Base 4.

Prenons pour les trois la base 12, il vient :

Avec la récusation :

A 6, B 6.

Avec l'admission de C come fille :

A 4, B 4, C 4.

Avec admission de C come seur g. :

A 6, B 3, C 3.

En partant de la récusation générale, les différences à céder à C seraient suivant l'hypothèse admise : A 2, B 3. C'est ici qu'il y a deux avis.

Premier avis : C reçoit la somme des deux différences, soit 5

Deuxième avis : C reçoit seulement la plus avantageuse des parts qu'elle recevrait dans les deux cas d'admission ; soit 4.

Ces 4 lui sont fournis par A et B proportionèlement aux prélèvements qu'elles auraient faits si leur déclaration avait été admise, c'est à dire à 2 et 3. Le *hiças* est 5 ; multiplions donc tout par 5.

Avec la récusation générale, A et B ont chacune 30. Elles prélèvent ensemble 20, à répartir entre elles proportionèlement à 2 et 3, c'est à dire. A 8, B 12. Résultat définitif : A 22, B 18, C 20. Base 60.

Quatrième exemple ; Un héritier déclare un autre héritier par lequel il est évincé :

Un époux A 1/2 ; mère B 1/3 ; une seur ut. C 1/6.

C déclare une fille D qui l'exclut. Cette décla-

ration introduit un nouvel héritier qui est l'aceb.
En effet :

Partage avec la récusation : A 3, B 2, C 1.
Base 6. Il ne reste rien pour l'aceb quel qu'il soit.

Partage avec l'admission : A 1/4, B 1/6, D 1/2.
Ou : A 3, B 2, D 6 ; base 12. Il reste 1 pour
l'aceb.

Prenons pour base commune 12. Il vient avec
la récusation : A 6, B 4, C 2. Avec l'admission,
C étant exclu, abandonne ses 2 qui sont répartis
entre la fille D et l'aceb proportionèlement à leurs
droits, c'est à dire à 6 et 1. Le hiças étant 7,
multiplions tout par 7, il vient come résultat
définitif : A 42, B 28, D 12, aceb 2. Ou : A 21,
B 14, D 6, aceb 1. Base 42.

Doute sur le premier cri de l'enfant.

Une épouse enceinte A ; deux frères B et C.
L'épouse A met au monde une fille D. A et B
affirment qu'elle a vécu ; C le nie.

Avec la récusation, il n'y a qu'un héritage :
A 1/4, B et C le reste. Ou : A 2, B 3, C 3. Base 8.

Avec l'admission, il y a deux héritages :

1° A 1/8, fille D 1/2, B et C le reste. Ou : A 2,
D 8, B 3, C 3. Base 16.

2° A la mort de l'enfant : A hérite du tiers du
bien de D, B et C ont le reste. Ou A 1, B 1, C 1.
Total 3. Il faut que les 8 laissés par la fille se
partagent suivant la division de cette seconde
base, autrement dit, il faut que la part de D dans

le premier héritage soit égale à la base du second
héritage. Pour y arriver, multiplions les termes du
premier par 3 et ceux du second par 8, il vient :

1ᵉʳ héritage : A 6, D 24, B 9, C 9. Base 48.

2ᵉ héritage : A 8, B 8, C 8. Total 24.

La répartition finale avec l'admission est donc :

A 14, B 17, C 17. Base 48.

Pour comparer les deux hypothèses de la
récusation et de l'admission, il faut les amener à
avoir la même base 48. Cela donc avec la récusation :

A 12, B 18, C 18.

La mère a donc un déficit de 2 ; B a un excèdant de 1 qu'il lui cède. D'après la Tlemsâniya,
cela s'arrête là. C ne lui cède rien.

Mais d'après la théorie de el Chati, C doit
cèder la moitié de son excèdant qui est 1. Pour
rendre la division possible, nous devons multiplier tout par 2, cela donc :

Avec la récusation . A 24 avec un déficit de 4.
B et C chacun 36 avec un excèdant de 2. A reçoit
de B 2, et de C 1. Résultat final : A 27, B 34,
C 35. Base 96.

Accords entre héritiers.

Pour les accords entre héritiers, nos auteurs
ont examiné successivement, en allant du simple
au composé, dix cas particuliers pour chacun
desquels ils ont doné une règle spéciale. Nous
avons doné précédemment une règle unique qui

s'applique à tous les cas, et au fond c'est celle
que donent nos auteurs en en variant la forme.
Cependant pour le cas le plus simple, ils donent
trois procédés de calcul que nous allons examiner.
Ce cas est celui où un seul héritier conclut un
accord accepté par tous les autres, moyennant
une part plus faible que sa part primitive. Voici
les trois procédés :

1° Faire le calcul du partage sans accord.
Calculer la différence des parts du proposant
avec et sans accord. Répartir cette différence
entre les acceptants proportionèlement à leurs
parts, sans accord.

2° Voici le texte d'el Asnoûni : « Etablissez la
base primitive, retranchez en le numérateur de la
fraction légale du proposant, le reste forme le
hiças. Divisez par ce reste le reste obtenu (come
il va être dit) au moyen de la fraction d'accord
(celle sur laquelle se fait l'accord). A cet effet,
prenez le dénominateur de cette fraction d'accord ;
si cette fraction est 1/4, le dénominateur est 4 et,
retranchez de ce dénominateur le numérateur de
la fraction d'accord ; divisez la différence ainsi
obtenue par le hiças. Si la division se fait, la
nouvelle base est le dénominateur de la fraction
d'accord. Si elle ne se fait pas et si les deux nombres sont concordants, multipliez le dénominateur
(de la fraction d'accord) par le qc. du hiças. Le
produit est la nouvelle base. S'ils sont discordants,
multipliez le dit dénominateur par le hiças entier ;
le produit est la nouvelle base. Dites ensuite :

Que ceux qui ont quelque chose sur le hiças vièrent le prendre multiplié par le quotient de la division des restes (si la division s'est faite), ou par le qc. du reste du dénominateur s'il y a concordance, ou par sa totalité, s'il y a discordance. »

Ceci s'explique ainsi : Soient m, a, b, les parts du partage sans accord avec la base n. On convient par l'accord de remplacer pour le premier héritier $\frac{m}{n}$ par $\frac{p}{q}$. On remarque que $a + b = n - m$. C'est le *hiças*. Les consentants ont à se partager avec l'accord $1 - \frac{p}{q}$ ou $\frac{q-p}{p}$ proportionèlement à a et b. La part de a sera $\frac{q-p}{p} \cdot \frac{a}{n-m}$ ou $a \frac{q-p}{q(n-m)}$. La nouvelle base sera $q \frac{n-m}{q-p}$ si $n - m$ est divisible par $q - p$. Sinon on multipliera tout par le qc. de $q - p$.

Troisième procédé dit du *Djebr*. — Pour abréger, je supprime le texte d'el Asnoûni. On opère come dans le second procédé, sauf que le calcul de la base se fait ainsi : retrancher de l'unité la fraction d'accord, cela done $\frac{q-p}{q}$. Voyez combien de fois il faut répèter cette fraction pour avoir l'unité ; nous dirions : prenez son inverse $\frac{q}{q-p}$. Multipliez cet inverse par le hiças $n - m$, vous aurez la nouvelle base $q \frac{n-m}{q-p}$ que vous amenez à être un nombre entier, s'il y a lieu, come il a été dit ci dessus.

Ces deux derniers procédés donés sans aucun raisonement sont une complication inutile.

Exemple : une épouse A $1/4$, trois frères cons. B, C, D le reste A propose un accord qui est accepté en vertu duquel elle recevra $1/3$.

Premier procédé. — Partage sans accord : A 1, B 1, C 1, D 1, base 4.

Partage avec l'accord : A 1/3, B, C, D le reste. Ou : A 1, B, C, D 2. Base 3.

Amenons les deux hypothèses à avoir la même base 12.

Sans accord : A 3, B 3, C 3, D 3.

Avec accord : A 4, B, C, D 8.

La différence pour A est 1, dont chaque frère lui donne le tiers. Pour que la division soit possible, multiplions tout par 3, il vient :

Sans accord : A 9, B 9, C 9, D 9. Base 36. La différence que A doit recevoir est 3, dont chaque frère lui fournit 1.

Deuxième procédé. Texte d'el Asnoûni — La base de la succession est 4, dont 1 à l'épouse que l'on retranche ; reste 3. C'est le *hiças*. On prend le dénominateur de la fraction d'accord 1/3 qui est 3. On en retranche (le numérateur) de la fraction d'accord qui est 1 ; le reste 2 n'est pas divisible par le hiças 3 et n'est pas concordant avec lui. Multipliez le total du hiças par le dénominateur (3), vous avez 9 et vous dites : la proposante aura 1 multiplié par le hiças soit 3 ; chaque frère aura 1 multiplié par 2, soit 2.

Troisième procédé. — « Le *hiças* est 3 ; la fraction d'accord est 1/3. Retranchez 1/3 (de 1) et dites : combien de fois faut-il réunir les 2/3 pour qu'ils fassent une unité. Répondez : il faut les réunir une fois et demie. En effet, si on multiplie un nombre par l'unité, ce nombre ne change pas ;

quand on le multiplie par une fraction, on prend
une portion du multiplicande égale à cette fraction,
c'est le produit. Quand on multiplie 1 par 1/2. le
produit est la moitié de cet 1. Quand on multiplie
2/3 par 1 le produit est 2/3, et quand on multiplie
2/3 par 1/2, le produit est la moitié de 2/3 soit 1/3,
puisqu'en ajoutant 2/3 à 1/3 on a une unité complète. J'ai donc démontré que le *djebr*, réunion
de 2/3 en une unité, s'obtient en ajoutant ces 2/3
une fois et demie. On ajoute donc au hiças qui
est 3 sa moitié. Or, 3 n'a pas de moitié ; alors on
multiplie 3 par le dénominateur de 1/2 qui est 2,
cela done 6. Ajoutez à ce nombre sa moitié,
total 9, dont vous vous servirez come base. On en
done 1/3 à la femme, soit 3 ; il reste 6 pour les
frères ; chacun en reçoit 2. »

J'ai cité ce passage in extenso parceque par
une exception unique, el Asnoûni y fait un raisonement sur les fractions. Avec nos locutions tout
ce raisonement serait évité, en se bornant à dire
que l'on prend l'inverse de la fraction 2/3. La
simplification résultant de ces deux procédés, si
tant est qu'il y en ait une, n'est pas suffisante
pour justifier l'effort de mémoire qu'ils nécessitent.

Exemple d'un abandon de part :

Une épouse A 1/4 ; mère B 1/6 ; seur g. C 1/2 ;
seur cons. D 1/6 ; seur ut. E 1/6. B abandone les
2/3 de sa part à répartir proportionèlement à :
1/6 de la part de A, la totalité de ce qui lui
restera à elle même B ; 1/4 de la part de C ; 1/3 de

celle de D ; la totalité de celle de E. La répartition légale serait :

A 3, B 2, C 6, D 2, E 2.   Base 15.

On ne peut prendre les 2/3 de 2, multiplions tout par 3, il vient :

A 9, B 6, C 18, D 6, E 6.   Base 45.

B abandone 4 qui doivent être partagés dans la proportion indiquée ci dessus. Pour A, 9 ne peut être divisé par 6, mais il concorde par 1/3 ; du fait de A nous aurons donc à multiplier par 1/3 de 6, soit 2. On verrait de même que du fait de C, on aurait à multiplier par 2 ; du fait de B, D et E aucune multiplication n'est nécessaire. Multiplions donc tout par 2, il vient : A 18, B 12, C 36, D 12, E 12. Base 90.

B garde 4 et cède 8 qui doivent être répartis proportionèlement à 3 pour A, 4 B, 9 C, 4 D et 12 E.

Le hiças est 32 ; or 8 n'est pas divisible par 32, mais concorde avec lui par 1/8. Multiplions tout par 4, il vient pour le partage primitif : A 72, B 48, C 144, D 48, E 48. Base 360.

B garde 16 et abandone 32 à répartir come ci dessus, savoir : A 3, B 4, C 9, D 4 et E 12.

On termine par les additions.

Legs.

C'est ici que nos auteurs se donent le plus largément carrière, en examinant successivement tous les cas qui peuvent se présenter. J'abrègerai considérablement.

Transformation des parts d'héritage en parts de succession. — Les Arabes tiènent à ce que, dans le partage final, les parts des légataires et des héritiers soient exprimées en fractions d'un même tout qui ne peut être que le total de la *succession*, ou come ils disent, le total du bien. Or, les parts légales des héritiers sont exprimées en fractions de *l'héritage*, c'est à dire de ce qui reste après le paiement des legs. Il est donc nécessaire de transformer les fractions exprimant les parts légales des héritiers en fractions de *succession*. Pour cela, supposons que la valeur des legs soit $\frac{m}{n}$ de la succession, il restera pour l'héritage $1 - \frac{m}{n}$ ou $\frac{n-m}{n}$ de la succession. Pour transformer les fractions d'héritage en fractions de succession, il suffira donc de les multiplier par $\frac{n-m}{n}$.

Afranchissement partiel d'un esclave. — Quand le tiers du bien ne suffit pas pour afranchir un esclave, l'afranchissement a lieu dans la proportion du tiers du bien à la valeur de l'esclave. El Haoufi est l'inventeur d'un soi disant autre procédé qui consiste à prendre la proportion du total du bien à trois fois la valeur de l'esclave. Le commentateur croit devoir doner plusieurs exemples de ces deux procédés.

Cas où il y a un modabbar et un héritier débiteur envers le mort.

Soit M la valeur du modabbar, C le comptant et D la dette. Le modabbar a droit à $1/3$ du tout, sans que sa part puisse dépasser sa propre valeur.

Si le tiers de l'actif (1) suffit, ce qui a lieu quand M n'est pas supérieur à $\frac{C}{2}$, le modabbar est complètement afranchi, les héritiers se partagent le surplus, comptant et dette, suivant la règle ordinaire.

Quand M est supérieur à $\frac{C}{2}$, le modabbar ne peut plus être entièrement afranchi. Le cas peut devenir très compliqué ; la solution donée par nos auteurs ne me paraît pas suffisante. Aussi a-t-elle motivé sur le manuscrit d'el Asnoûni un bon nombre de notes empruntées à divers docteurs, et qui cherchent à expliquer le texte.

Voici la règle donée par nos auteurs qui ont distingué ici deux cas :

1° Si la dette était remboursée, le total suffirait pour l'afranchissement complet, c'est à dire que M n'est pas supérieur au tiers de M + C + D. Calculez pour le modabbar et les héritiers leurs coefficients dans le partage légal en attribuant un tiers au modabbar. Supprimez le coefficient du débiteur, partagez l'actif entre les autres héritiers et le modabbar, proportionèlement à leurs coefficients

Exemple. Héritiers, trois frères F, G, H. Un modabbar M valant 100, C 100, une dette D sur H. Partage légal : Mod. 1/3, F 2/9, G 2/9, H 2/9. Ou mod. 3, F 2, G 2, H 2. Base 9.

Supprimez le coefficient de H, et partagez

---

(1) L'actif comprend le comptant et le modabbar qui est une valeur.

l'actif 200 proportionèlement aux coefficients des autres. Le modabbar reçoit $\frac{200 \times 3}{7}$ ou 6/7 de sa valeur Il est afranchi dans cette proportion. On ne nous dit pas ce que reçoivent F et G. Dans ce cas particulier, on voit que H n'a plus droit à rien. F et G recevront donc chacun $\frac{200 \times 2}{3}$. Mais il est des cas où le débiteur peut avoir encore droit à quelque chose.

Supposons qu'avec les mêmes donées, la dette soit seulement 10. L'actif est le même ; on en attribue la même portion au modabbar. Il reste à se partager $\frac{200 \times 4}{7}$ de l'actif, plus la dette. Le tiers de la somme à partager est supérieur à la dette. Le débiteur a donc droit à toucher quelque chose. Il faut donc entendre qu'après avoir fait la part du modabbar, come il est dit ci dessus, tous les héritiers, débiteur compris, se partagent le reste, la part du débiteur étant d'abord faite sur sa dette.

2° En supposant la dette remboursée, le tiers de tout le bien ne suffit pas pour l'afranchissement complet. Nos auteurs supposent en outre que la dette ne pourra pas être éteinte.

Supposez d'abord la dette remboursée ; calculez la proportion dans laquelle le modabbar serait afranchi, en lui attribuant le tiers du total : soit $\frac{m}{n}$. Prenez la proportion de l'actif au total, soit $\frac{p}{q}$. Prenez la proportion de $\frac{p}{q}$ à 2/3 (c'est $\frac{3p}{2q}$). La partie afranchie, qui était $\frac{m}{n}$ sera réduite dans cette proportion. (Elle sera donc $\frac{3pm}{2qn}$).

Exemple : Un époux, un père, une mère, M vaut 100, C 50, et la dette qui est sur l'époux 100.

Total 250. M est supérieur à $\frac{C}{2}$; donc l'afranchissement ne peut être complet. Même en supposant la dette remboursée, M serait encore supérieur à la moitié du comptant qui serait alors 150 ; dans cette hypothèse, l'actif serait 250 ; le modabbar serait afranchi pour 350/300 soit 5/6. Dans ce cas particulier, la dette ne pouvant être éteinte, les autres héritiers se partagent les 2/3 de l'actif quel qu'il soit, Pour que le modabbar fut afranchi des 5/6, il faudrait que l'actif comprit les 2/3 du total, mais il n'en comprend que les 3/5. La partie afranchie sera donc réduite dans la proportion de 3/5 à 2/3 laquelle est 9/10. Les 9/10 de 5/6 sont 3/4.

On remarque que les père et mère se partagent le restant de l'actif, parceque le débiteur n'a plus droit à rien. Il pourrait en être autrement. On ne s'occupe pas du partage du supplément de dette, ni de celui de la partie non afranchie du modabbar. Or, le modabbar a droit à son tiers de la créance, et d'autre part, le débiteur a droit, sauf compensation possible, à sa portion de la partie non afranchie. El Haoufi dit qu'il y a là neuf procédés de calcul. Il vaudrait mieux qu'il n'y en eût qu'un et qu'il fût bon. La règle suivante paraît équitable et s'appliquerait à tous les cas :

Attribuer au modabbar sa propre valeur, en la prélevant sur l'actif, mais sans dépasser sa propre valeur ni le tiers de l'actif. Si ce tiers suffit, il est afranchi. Si le tiers ne suffit pas, il reste esclave pour le surplus. Dans ce cas, attribuez lui sur la dette la somme qui serait nécessaire pour compléter l'afranchissement si cette somme existait, mais sans dépasser le tiers de la dette. Les héritiers ont à se partager entre eux tous : 1° la somme du comptant et du reste de la dette ; faites le partage en payant d'abord le débiteur sur sa dette ; 2° le reste du modabbar. Alors il arrive que :

1° Ou bien la dette est éteinte. Le débiteur reçoit une petite part de comptant et sa part de modabbar. Avec les deux, il rachète au modabbar tout ou partie de la dette que celui ci a entre les mains, en començant par sa part de modabbar. Si cette part ne suffit pas, et si le débiteur est amené à céder en outre une partie du comptant qu'il a reçu, il ne la remet pas au modabbar, car celui ci ne doit en aucun cas rien toucher en espèces. Cette partie du comptant est prise par les autres héritiers qui se la partagent en échange d'une portion équivalente de la partie esclave du modabbar qui leur a été attribuée.

2° Ou bien la dette n'est pas éteinte. Les autres héritiers se partagent le reliquat de la dette. Le débiteur a encore sa part de modabbar esclave. Il l'abandone au modabbar et aux autres héritiers en proportion des portions de dette qu'ils possèdent, de manière à éteindre sa dette dans la mesure du possible.

Exemple : Un époux A $1/6$; deux frères F, G et une seur H le reste. Ou : A 1, F 2, G 2, H 1, base 6.

La succession comprend un modabbar M

valant 100 ; le comptant C 5o, une créance D sur A.

Attribuez au mod. un tiers de M + C soit $\frac{150}{3}$ ou 5o. Il est afranchi pour 5o, soit la moitié de sa valeur, et reste esclave pour 5o. Le tiers de la dette, s'il existait, ne suffirait pas pour compléter l'afranchissement ; attribuez lui donc ce tiers $\frac{100}{3}$.

Les héritiers se partagent :

1° Le comptant et le reste de la dette, ensemble $\frac{350}{3}$; il leur revient :

A $\frac{175}{9}$; F et G chacun $\frac{350}{9}$; H $\frac{175}{9}$.

A reçoit $\frac{175}{9}$ qui est inférieur à ce qu'il restait devoir ; il doit encore aux autres héritiers $\frac{200}{3} - \frac{175}{9}$ soit $\frac{425}{9}$. Les autres héritiers se le partagent et reçoivent ainsi en dette :

F et G chacun $\frac{170}{9}$; H $\frac{85}{9}$.

2° La partie restée esclave du modabbar. Il revient ainsi en parts de modabbar : à A $\frac{25}{3}$, à F et G chacun $\frac{50}{3}$, à H $\frac{25}{3}$.

A abandone sa part de mod. $\frac{25}{3}$ au mod. et aux autres héritiers qui se la partagent proportionèlement aux parts de dette qu'ils possèdent. Ils reçoivent ainsi en parts de modabbar esclave : A $\frac{300}{87}$, F et G chacun $\frac{170}{87}$, H $\frac{85}{87}$ en échange d'égales portions de dette qu'ils remettent à A et qui sont annulées. Situation finale :

Modabbar afranchi pour $\frac{1550}{29}$ soit $\frac{31}{58}$ de sa valeur. Il a en main une créance de $\frac{2600}{87}$ sur A.

A n'a plus rien ; il doit encore les sommes indiquées ci après :

F et G chacun comptant 20 ; part de modabbar pour $\frac{540}{29}$, soit $\frac{54}{290}$ de sa valeur et créance sur A $\frac{4420}{261}$.

H comptant 10. Part du modabbar pour $\frac{270}{29}$; soit $\frac{27}{290}$ de sa valeur et créance sur A $\frac{2210}{261}$.

Il est important de déterminer la partie du modabbar qui reste esclave en fraction de sa valeur, parceque cette valeur peut diminuer avec l'âge et les infirmités.

Partage quand il n'y a que des legs non contestés, soit que le total dépasse le tiers ou non.

On fait le total des legs ; soit $\frac{m}{n}$ ce total. Les héritiers ont droit à $1 - \frac{m}{n}$ ou $\frac{n-m}{n}$ de la succession, celle ci se partage donc ainsi : légataires m, héritiers n — m, base n. On partage ensuite les n — m des héritiers, proportionèlement à leurs droits ; pour cela on aura à diviser la quantité à partager n — m par le hiças des héritiers ; lequel n'est autre que la base de leur *héritage*. Si la division n'est pas possible, on multipliera tous les termes de la *succession* (légataires compris) par le qc. du dit hiças, ou base de l'héritage par rapport à n — m.

Nos auteurs donent à ce sujet. sans aucun raisonement, deux procédés de calcul :

1° « Prenez le dénominateur de la fraction léguée, retranchez en le dénominateur, puis divisez le reste par la base des héritiers. Si la division peut se faire, servez vous du dénominateur de la fraction léguée come base (de la succession). Si elle ne peut se faire, mais s'il y a concordance, multipliez le qc. par le dénominateur de la fraction léguée.

Si ces nombres sont discordants, multipliez l'un par l'autre et servez vous du produit pour base. » On reconnaît là notre procédé.

2° « Examinez la fraction léguée et celle qui la précède immédiatement (c'est à dire dont le dénominateur est inférieur d'une unité). Prenez la base du partage légal (de *l'héritage*), ajoutez lui une fraction d'elle même qui en soit la fraction immédiatement voisine, si cette fraction peut s'obtenir. Si elle ne peut s'obtenir, prenez come numérateur le dénominateur de cette fraction immédiatement voisine, et donez lui le dénominateur du leg. Comparez ce numérateur à la base ; s'ils sont concordants, multipliez la base par le qc. de l'autre, et ajoutez au produit une fraction de lui même, qui en soit la fraction immédiatement voisine. S'ils sont discordants, multipliez la base par le dénominateur de la fraction immédiatement voisine et ajoutez au produit une fraction de lui même qui en soit la fraction immédiatement voisine. » On remarquera que ce procédé s'applique seulement quand la fraction léguée a pour numérateur 1.

J'ai cité in extenso ces deux passages, malgré leur longueur, parcequ'ils montrent bien l'inutilité et même l'inconvénient de ces règles purement mnémoniques. Le procédé rationel que j'ai indiqué en començant n'exige ni raisonement, ni effort de mémoire ; il suffit de faire le calcul par la règle générale, come on va le voir par l'exemple suivant :

Leg 1/4, une épouse 1/8. Un fils le reste.

Nous dirions : La succession se partage ainsi : Leg 1/4, héritiers 3/4, ou leg 1, héritiers 3. Base 4.

Les 3 des héritiers sont à diviser proportionèlement aux droits des héritiers qui sont :

Epouse 1, fils 7. Total ou hiças 8.

3 n'est ni divisible par 8, ni concordant. Multiplions donc tous les termes de la succession par 8. Il vient :

Leg 8, héritiers 24, dont 8 à l'épouse, 21 au fils. Base de la succession 32.

1° *Procédé d'el Asnoûni*. — Le dénominateur du leg est 4. Attribuez 1 au légataire ; il reste 3 pour les héritiers. Comparez ce reste à la base de l'héritage qui est 8. Ces nombres sont discordants. Multipliez 8 par le dénominateur du leg, vous avez la base de la succession 32.

2° *Procédé*. — Prenez la fraction qui précède immédiatement celle du leg ; c'est un tiers. Or 8 n'a pas de tiers et les deux nombres 8 et 3 ne concordent pas. Multipliez donc 8 par 3 ; cela donc 24 ; ajoutez lui son tiers, cela donc 32 qui est la nouvelle base.

Reste à faire le partage dans les deux cas.

Partage quand la somme des legs dépasse le tiers et que les héritiers refusent tous.

On réduit les legs proportionèlement, de manière à ramener leur somme à 1/3. Remarquons seulement qu'il y a, pour cette réduction proportionèle, un moyen simple et rapide, qui rappèle un peu celui de l'aoul pour la réduction des parts.

Faites la somme des legs, soit $\frac{m}{n}$ cette somme qui est supérieure à 1/3. Faites de $\frac{m}{n}$ le tiers du bien, pour cela partagez ainsi la succession : leg m, héritiers 2 m. Base 3 m. Les 2 m des héritiers seront ensuite partagés proportionèlement à leurs droits, come l'étaient les 3 dans l'exemple précédent.

La somme des legs dépasse 1/3. Les héritiers acquiescent pour une partie seulement.

Les legs acceptés ne sont pas réduits ; les autres sont réduits à ce qu'ils seraient si persone n'avait acquiescé, et si, par conséquent, la somme des legs avait été ramenée à 1/3. Notre poète explique ce principe ; puis il done un long exposé des procédés de calcul. Je me bornerai à doner un exemple traité à notre manière.

Legs : Zeid 1/2, Amrou 1/5 ; le total dépasse le tiers. Les héritiers acquiescent pour Zeid, mais non pour Amrou. Héritiers : trois frères.

Le leg de Zeid est acquis. Calculons celui d'Amrou en supposant que la somme des legs soit ramenée à 1/3. La somme des legs est 7/10 dont 2/10 pour Amrou. Opérons come il vient d'être dit. Faisons de 7 le tiers du bien, celui ci sera 21. La succession se partagerait ainsi : Legs 7, dont 2 pour Amrou, héritiers 14, base 21. Amrou aura donc 2/21 du bien. La somme des legs sera en réalité 1/2 + 2/21, soit 25/42. La succession se pargera donc ainsi : Legs : 25 dont 21 pour Zeid et 4 pour Amrou. Héritiers : 42 — 25, soit 17. Base 42.

Les 17 des héritiers doivent être divisés par

leur hiças qui est 3. Ces deux nombres sont discordants ; multiplions donc tout par 3, il vient :

Zeid 63, Amrou 12, héritiers 51 dont 17 pour chacun. Base 126.

Certains héritiers acquiescent, d'autres non. Cas le plus général.

J'ai doné dans le chapitre précédent, deux procédés pour faire le partage dans le cas le plus général ; je me bornerai à doner un exemple de ces deux procédés.

Legs : Zeid 1/3, Amrou 1/6. La somme dépasse le tiers. Héritiers : une épouse A 1/4, une seur g. B 1/2, mère C 1/6 ; deux seurs ut. D, E 1/3, ou :

A 3, B 6, C 2, D 2, E 2. Base 15.

A et B acquiescent pour Zeid. C, D et E pour Amrou.

Premier procédé. — Partageons la succession come s'il n'y avait pas de leg. Le partage se fait sur la base 15 come ci dessus.

Calculons les legs dans l'hypothèse de la récusation générale ; ils seront réduits à 1/3, soit : Zeid 2/9, Amrou 1/9.

A cède à Zeid	1/3 de sa part ; l'opération est possible.					
—	Amrou 1/9	—	il faudra multiplier par 3.			
B —	Zeid	1/3	—	l'opération est possible,		
—	Amrou 1/9	—	il faudra multiplier par 3.			
C —	Zeid	2/9	—	—	—	par 9.
—	Amrou 1/6	—	—	—	par 3.	
D et E chacun à Zeid 2/9	—	—	—	—	par 9.	
—	Amrou 1/6	—	—	—	par 3.	

Toutes les opérations seront possibles à la condition de multiplier tout par 9. Le partage de

la succession, s'il n'y avait pas de leg devient :
A 27, B 54, C 18, D 18, E 18. Base 135.

A cède à Zeid 9, à Amrou 3, et garde 15.

B	—	18,	—	6,	—	30.
C	—	4,	—	3,	—	11.
D	—	4,	—	3,	—	11.
E	—	4,	—	3,	—	11.

Total pour Zeid 39, pour Amrou 18.

Second procédé. — La somme des legs est
1/3 + 1/6 soit 3/6 Partageons la succession dans
l'hypothèse de la récusation générale ; pour cela
faisons du numérateur 3 le tiers du bien ; le
partage se fait ainsi : Légataires 3 dont 2 à Zeid,
1 Amrou, héritiers 6. Base 9.

Répartissons les 6 des héritiers proportionèlement à leurs droits, c'est à dire à : A 3, B 6, C 2,
D 2, E 2, total 15. Le hiças des héritiers est 15 ;
6 n'étant pas divisible par 15, multiplions tout
par le qc. de 15 qui est 5. La succession est
ainsi répartie : legs 15 (10 à Zeid, 5 à Amrou), A 6,
B 12, C 4, D 4, E 4. Base 45.

Le tiers réellement légué à Zeid serait 15, la
différence avec 10 est 5 ; A et B qui consentent
pour lui doivent lui doner chacun une partie de
ces cinq dans la proportion de leurs parts d'héritage à tout l'héritage, c'est à dire A 3/15 ou 1/5 de
ces 5, et B 6/15 ou 2/5 de ces 5. On peut prendre
le cinquième de 5, l'opération est possible avec
la base 45.

Le sixième légué à Amrou ne peut être pris
avec la base 45 ; mais 45 et 6 concordent par 1/3 ;

on devra de ce fait multiplier tout par 2. Le
sixième attribué à Amrou devient 15 ; la différence avec son minimum devient 5. C, D et L qui
consentent pour lui, doivent lui doner chacun une
portion de ces 5 dans les proportions de leurs
parts d'héritage à tout l'héritage, c'est à dire chacune 2/15 de ces 5. Come 5 n'est pas divisible
par 15, on devra de ce fait tout multiplier par 3.
On devra donc en réalité multiplier tout par 6 ;
cela donera pour les partages avec legs réduits :

Legs 90 (Zeid 60, Amrou 30) ; A 36, B 72,
C 24, D 24, E 24. Base 270.

Les différences entre les legs entiers et les legs
réduits devièrent : pour Zeid 30, pour Amrou 15.

A cède à Zeid 1/5 de 30, soit 6 et garde 30.

B — — 2/5 — 12 — 60.
C, D, et E cèdent chacun à Amrou 2/15 de 15,
soit 2 et gardent 22. Total pour Zeid 78, pour
Amrou 36. ·

Toutes ces parts étant divisibles par 2 se
ramènent par simplification à la moitié, c'est à
dire aux chiffres donés par le premier procédé.

On voit que le second procédé est plus long,
plus compliqué, et qu'il nous a entraînés momen-
tanément à une base trop forte.

CHAPITRE V

SUCCESSIONS REMARQUABLES
PROBLÈMES ET DEVINETTES

❖

Successions remarquables.

Certaines successions ont été l'objet de règles spéciales ; d'autres se sont fait remarquer par leur bizarrerie. Les unes et les autres ont reçu des noms particuliers et sont citées spécialement dans les écoles. Ce sont :

1° Les deux *R'ara*, *brillantes*, appelées aussi *Moàmmariya*. L'époux ou l'épouse avec les père et mère. On done au conjoint sa part légale, et la mère se trouve avoir le tiers de ce qui reste.

2° *L'Akaddariya*. Elle tire son nom, dit-on, d'un cadi nommé Akadd, qui, malgré sa renomée ne sut pas en trouver la solution. Elle présente plusieurs variétés qui reposent toutes sur la présence d'un aïeul avec une ou plusieurs seurs. En principe les seurs héritent par parts légales quand

elles n'ont pas avec elle un frère qui les rende
aceb. Avec des frères et un aïeul, celui ci est
assimilé aux frères dans les conditions qu'on a
vues plus haut, et les seurs deviènent acebs. Mais
si une seur est seule avec un aïeul, il y a une
règle particulière ; la seur touche la moitié par
part légale et l'aïeul son sixième ; puis on réunit
ces deux parts, l'aïeul et la seur se partagent la
somme come s'ils étaient frère et seur, c'est à dire
dans la proportion 2 pour l'aïeul, 1 pour la seur.

Exemple : l'époux $1/2$, la mère $1/3$, un aïeul
$1/6$, une seur g. ou c. $1/2$. Ou : époux 3, mère 2,
aïeul 1, seur 3. Base 9 avec l'aoul. On réunit les
parts de l'aïeul et de la seur ; soit 4 qui sont à
diviser proportionèlement à 2 et 1. Multiplions
tout par 3, il vient : époux 9, mère 6, aïeul et seur
réunis 12, dont 8 pour l'aïeul et 4 pour la seur.
Base 27.

Cette théorie qui est celle de Zeid ben Tâbit et
de Malik, n'est pas admise par Ibn Mesaoud qui
done à la seur sans frère en présence de l'aïeul sa
part légale, tout en assimilant l'aïeul à un frère
pour réduire la mère de $1/3$ à $1/6$. D'après lui,
le partage se fait donc ainsi :

Epoux $1/2$, mère $1/6$, aïeul $1/6$, seur $1/2$. Ou :
Epoux 3, mère 1, aïeul 1, seur 3. Base avec
l'aoul 8.

3° La *Himariya*, de l'âne, appelée aussi *Mouch-
tarika*, qui associe. Elle se présente lorsque des
frères utérins sont avec des frères germains et que
ceux ci acebs ne reçoivent rien parceque le bien

est entièrement absorbé par les parts légales.
Alors, un certain nombre de jurisconsultes asso-
cient les uns et les autres pour se partager la part
légale des utérins.

Exemple : l'époux $1/2$, la mère $1/6$, deux frères
ut. $1/3$; deux frères g. acebs. Ou : époux 3,
mère 1, deux frères ut. 2, deux frères g. o. Base 6.

Avec la Himariya, on associe tous les frères ;
il vient en multipliant tout par 2 : époux 6,
mère 2, chaque frère ut. 1, chaque frère g. 1.
Base 12.

Ce cas avait été soumis au khalife Otmân qui
n'avait rien accordé aux frères germains. Alors
ceux ci lui dirent : O émir des croyants, ceux que
voici héritent du tiers à cause de leur mère qui
est aussi la nôtre. Admettons que notre père fut
un âne, notre mère nous a réunis. » Alors Otmân
les associa aux frères utérins.

Un grand nombre de jurisconsultes n'admettent pas cette solution. Pour ceux qui l'admettent
il faut : que tout le bien ait été absorbé par les
parts légales, que les frères associés aux utérins
soient des germains et non des consanguins, et
qu'il y ait parmi eux des homes. En effet, si
c'était seulement des seurs germaines, elles héri-
teraient par part légale. Dans ce dernier cas, la
succession s'appèle *beldja,* brillante, claire.

Il y a une variété tenant à la fois de la Himariya
et de la Malikiya qui va suivre ; c'est lorsqu'un
aïeul vient s'ajouter aux héritiers précèdents.

L'époux $1/2$, la mère $1/6$, des frères g., des frères ut., un aïeul $1/6$.

Les frères utérins n'ont rien, parceque l'aïeul les exclut. Les germains sont acebs suivant la doctrine de Zeid ben Tâbit, mais suivant celle de Malik, l'aïeul les exclut aussi, parceque, selon cet imâm, l'aïeul exclut tous les fils d'une même mère.

4° La *Malikiya* qui tire son nom de l'imâm Malik. C'est la précédente, dans laquelle les frères germains sont remplacés par des consanguins. Suivant Malik, l'aïeul exclut ici à la fois les utérins et les consanguins. Suivant Zeid ben Tâbit, il exclut seulement les utérins ; quant aux consanguins, ils sont acebs.

5° L'*Aktamiya* appelée aussi *Mamouniya*. Un père A, son enfant B lequel a un enfant C. B meurt d'abord, puis C avant que le partage de l'héritage de B ait été partagé. A intervient alors come père de B et come aïeul de C. Il se présente donc come père et come aïeul dans un même héritage.

6° La *Deffâna*, l'ensevelisseuse, ou *Djafaniya*. c'est quand une femme ayant épousé successivement les quatre frères, hérite de la moitié de tous leurs biens. On en verra la solution détaillée dans les devinettes. On a vu que si les quatre frères l'ont répudiée étant en état de maladie, et sont tous morts de leur maladie dans un même mois, la femme peut hériter des quatre frères dans un seul mois.

7° L'*Aliya* qui tire son nom d'Ali. Une mère

est en présence d'un aïeul et de frères consanguins. La mère est réduite à 1/6.

8ᵉ La *Sara* ou *Mokhtaciriya*. C'est quand aux héritiers de la précédente s'ajoute une seur germaine.

9ᵉ La *Tsa'iniya*, des 90, qui tire son nom de sa base. Mère 1/6, une seur g. 1/2, un aïeul, deux frères et une seur consanguins acebs. La combinaison la plus avantageuse pour l'aïeul est ici de prendre le tiers de ce qui reste après le prélèvement de la mère.

Mère 1. Il reste 5 dont le tiers à l'aïeul. Multiplions par 3.

Base 18. Mère 3 ; l'aïeul reçoit le tiers des 15 restant, soit 5 ; seur g. 9 ; il reste 1 pour les acebs. Le hiças des acebs est 5 ; multiplions tout par 5.

Base 90. Mère 15, aïeul 25, seur g. 45, frère cons. 4 dont 2 pour chacun, seur cons. 1.

10ᵉ La *Kharqa* ou *Moutallata* d'Otmân.

Mère 1/3, un aïeul et une seur g. acebs.

Ou : mère 1, acebs 2. Base 3.

Le hiças des acebs est 3 ; multiplions tout par 3 :

Mère 3, acebs 6 dont 4 pour l'aïeul, 2 pour la seur, base 9.

Ce n'est pas ainsi qu'avait décidé le khalife Otmân qui avait partagé par tiers entre les trois héritiers, d'où le nom de Moutallata (par tiers).

11ᵉ La *Mourabba'a*, par quarts, d'Ibn Mesaoud. Elle comprend quatre cas :

1ᵉʳ Cas. — Un aïeul, une seur germaine, une fille. Ibn Mesaoud donc à la fille la moitié qui lui revient, et partage l'autre moitié également entre l'aïeul et la seur, contrairement à la proportion réglementaire entre home et femme, car ici l'aïeul est assimilé à un frère. Zeid ben Tâbit et Malik maintiènent la proportion règlementaire, et donent avec la base 6 : fille 3, aïeul 2, seur 1. Ali se refusait à assimiler l'aïeul à un frère ; il lui done la part légale de 1/6 et le reste à la seur, soit avec la base 6 : fille 3, aïeul 1, seur 2.

2ᵉ Cas. — Une épouse, la mère, un frère, un aïeul. Ibn Mesaoud done à l'épouse 1/4 ; à la mère le tiers de ce qui reste ; ensuite ce qui reste est partagé également entre l'aïeul et le frère. Chacun reçoit ainsi 1/4, Zeid et Malik donent à la mère 1/6 seulement, ce qui fait :

Epouse 1/4, mère 1/6, aïeul et frère acebs.
Ou : épouse 6, mère 4, aïeul 7, frère 7. Base 24.

3ᵉ Cas. — L'époux 1/2, la mère, un aïeul. Ibn Mesaoud done à l'époux sa moitié, et partage également l'autre moitié entre la mère et l'aïeul. Zeid et Malik donent à ces deux derniers leurs parts légales règlementaires, mère 1/3, aïeul 1/6.

4ᵉ Cas. — Une mère, une seur, un aïeul. Ibn Mesaoud done à la mère la moitié, et partage l'autre moitié également entre la seur et l'aïeul, on a vu dans la *Moutallata* la solution normale de ce cas et celle qu'en avait donée Otmân.

12ᵉ La *Hamdiya* : deux aïeules, une seur g., une seur c., un aïeul.

13ᵉ La *Merouâniya*. L'époux 1/2, trois seurs g. 2/3, trois seurs ut. 1/3. Ou : époux 3, seur g. 4,

seurs ut. 2, base 9 avec l'aoul. Ou : époux 9,
seurs g. 12 dont 4 pour chacune, seurs ut. 6 dont
2 pour chacune, base 27.

14ᵉ La *Charihiya* ou *Oum el Fouroudj*, celle
des... femmes : mère 1/6, un frère ut. 1/6, l'époux
1/2, des seurs g. 2/3. Ou : mère 1, un frère ut. 1,
l'époux 3, des seurs g. 4, base 9 avec l'aoul.

Le nom vient du cadi Charih qui s'était trompé
sur l'aoul de ce cas, bien simple cependant.

15ᵉ La *Cadouiya*. Elle a reçu ce nom parce
qu'un cadi se trompa à son sujet. Un fils A et une
fille B achètent leur père C et l'afranchissent. Ils
dèvièrent donc ses bienfaiteurs. C meurt en laissant come héritiers A et B, et dans son bien le
patronage d'un esclave afranchi D. Celui ci meurt
ensuite après C, et enfin A meurt en laissant sa
seur B. A la mort du père C, A avait hérité des
2/3 de son bien, et B de 1/3, sauf pour le patronage qui était revenu entièrement à A. A la mort
de D, A recueille donc entièrement son héritage.
Puis à la mort du fils A, la fille B reçoit dans sa
part légale la moitié de ce dont son frère avait
hérité par patronage. L'autre moitié revient aux
acebs du fils. Or, les acebs du fils sont les bienfaiteurs du père, c'est à dire le fils et la fille. Celle
ci reçoit donc de ce fait encore le quart. Elle a
donc reçu en tout les 3/4 du bien de D.

16ᵉ La *Houriya*. Une épouse, un fils de fils
qui est le frère utérin de l'épouse. Elle a reçu son
nom du savant qui a doné la solution. Je ne vois
pas quel intérêt elle peut présenter, à moins que

cet intérêt réside dans ce fait qu'un frère et une seur ut. héritent dans la même succession, mais à des titres différents, et de parts inégales.

17ᵉ *Les deux Orphelines*. Une fille et une seur g. Elles reçoivent chacune la moitié, l'une par part légale, l'autre come aceb.

18ᵉ La *Moubahala*, l'imprécation (?). Une fille 1/2, la mère 1/6, une seur g. ou c., le reste come aceb, soit 1/3.

19ᵉ La *Naqiça*, la diminuante. L'époux 1/2, la mère 1/6, deux frères ut. 1/3.

20ᵉ *Le scorpion sous une brique*. Une épouse, des seurs g. ou c., une seur ut. Celle ci déclare une fille qui l'exclut. On a vu qu'alors la déclarante lui cède toute sa part. Tel est l'exemple doné ; mais il ne mérite pas tout à fait son nom, car la seur ut. déclarante n'ignore pas la présence de la fille qui va l'exclure. Voici un autre exemple doné par el Asnoûni dans un autre passage et où le nom est plus mérité :

Un époux, la mère, une seur ut. Celle ci déclare une fille qui l'exclut ; mais celle ci n'épuisant pas tout à fait le bien, fait surgir un aceb qui est le véritable scorpion.

Epoux 1/2 soit 3, une mère 1/3 soit 2, une seur ut. 1/6 soit 1, base 6. Avec l'admission générale de la fille, le partage serait :

Epoux 1/4 soit 3, mère 1/6 soit 2, fille 1/2 soit 6, aceb 1, base 12. Amenons aussi à la base 12 le partage fait ci-dessus avec la récusation :

Epoux 6, mère 4, seur ut. 2.

La seur ut. cède ses 2 à la fille et à l'aceb qui se les partagent proportionèlement à 6 et 1.

21e *Oum el Arâmil.* Celle des veuves ou indigentes. Des épouses 1/4, deux aïeules 1/3, des seurs g. 1/2, des seurs ut. 1/3. La base est 17 avec son aoul. C'est seulement dans ce cas et dans ses variantes que l'aoul peut atteindre son maximum 17. On l'appèle aussi *Oum el Fouroudj*, come du reste toutes celles où il n'y a que des femmes qui héritent (1). On en trouvera le détail dans la devinette n° 5.

22e *Oum el Benat.* C'est la précédente moins les deux aïeules.

23e *El A'chriniya.* Celle des vingt. La base est 20 ; mais el Asnoûni n'indique pas dans quels cas.

24e *La Dinariya*, celle du dinar. Deux filles 2/3, la mère 1/6, une épouse 1/8, 12 frères g., une seur g. acebs. Le partage se fait normalement avec la base 600, savoir :

Filles 400 dont 200 pour chacune ; mère 100 ; frères 24 dont 2 pour chacun ; seur 1. Il n'y a de remarquable que l'exiguité de la part attribuée à la seur g. qui, sur une succession de 600 dinars en recevra seulement un.

25e *L'Imtidjaniya.* Cinq aïeules, sept filles, quatre épouses, sept frères. On remarquera que cette succession composée à plaisir ne peut pas se présenter, car jamais cinq aïeules n'héritent

(1) El Asnoûni done cet exemple et d'autres analogues : mais je ne m'explique pas pourquoi les aïeules qui sont des ascendantes n'excluent pas les seurs ut.

ensemble. El Asnouni nous a doné ailleurs un exemple où il va plus loin ; il fait hériter à la fois trente aïeules !

26e La *Kalala*. Celle dans laquelle manquent les piliers de la généalogie, c'est à dire les ascendants et les descendants. On a vu la définition de la Kalala dans la Sourat IV, verset 175 du Coran.

27e La *Minbariya*, ou de la chaire. Une épouse 1/8, le père 1/6, la mère 1/6, deux filles 2/3. Ou : épouse 3, père 4, mère 4, deux filles 16, base 27 avec l'aoul.

La part de l'épouse qui est 1/8 est donc réduite par l'aoul à 1/9. La question fut posée au khalife Ali alors qu'il était en chaire ; il répondit aussitôt : son huitième est réduit à 1/9, et il continua sa prédication. On l'appèle aussi la *Moudjaliya*. Elle présente quelques variantes.

Devinettes ou problèmes.

Dans ces problèmes, on done les résultats, c'est à dire les parts, il s'agit de retrouver le point de départ, c'est à dire les héritiers. On peut en composer autant que l'on voudra. Voici ceux que done notre commentateur.

1. — Coment deux frères consanguins ayant hérité de quelqu'un qui n'était pas un afranchi, l'un a-t-il pu hériter des 3/4 et l'autre de 1/4. — Réponse : Le défunt était une femme qui a laissé deux fils d'oncle dont l'un était son époux.

2. — Coment deux homes ayant hérité de

quelqu'un, l'un a-t-il reçu les 2/3 et l'autre 1/3. —
Réponse : Le défunt était une femme qui a laissé
come héritiers les deux fils de son oncle dont l'un
était son époux, et l'autre son frère utérin. L'époux
a pris la moitié à titre d'époux et 1/6 à titre de
fils d'oncle ; l'autre a pris 1/6 à titre de fils d'oncle
et 1/6 à titre de frère utérin.

3. — Trois homes ayant hérité d'une persone
qui n'était pas un client, coment l'un a-t-il pris la
moitié, l'autre 1/3 et l'autre 1/6 — Réponse : Le
défunt était une femme qui a laissé son époux et
deux fils d'oncle dont l'un était son frère utérin.

4. — Coment une femme a-t-elle pu hériter de
la moitié du bien de son époux ; cet époux ne lui
avait jamais appartenu en entier. — Réponse :
Cette femme avait épousé un client dont elle avait
afranchi un tiers. Un autre avait afranchi les deux
autres tiers. Quand cet époux mourut, elle prit le
quart en tant qu'épouse, et le tiers de ce qui
restait, c'est à dire un autre quart en tant que
patrone.

5. — Coment un home ayant laissé en mourant
17 femmes tant épouses qu'autres, et une succession de 17 dinars, chaque femme a-t-elle pu recevoir un dinar. — Réponse : Cet home a laissé
trois épouses, huit seurs germaines, quatre seurs
utérines et deux aïeules. La base avec son aoul
est 17. C'est la succession désignée plus haut sous
le nom de Oum el Arâmil

6. — Un home étant allé voir un malade lui
dit : « Fais ton testament. Ceux qui hériteront de

moi, répondit le malade, seront tes deux tantes maternèles, tes deux tantes paternèles et tes deux épouses. Expliquez cela. — Réponse : L'home bien portant avait épousé les deux aïeules du malade, c'est à dire la mère de son père et celle de sa mère ; le malade avait épousé les deux aïeules du bien portant. Le malade avait eu de chacune de ces deux épouses deux filles ; celles qui étaient filles de la mère de là mère du bien portant étaient donc les tantes maternèles de celui ci, et celles qui étaient filles de la mère de son père étaient ses tantes paternèles. Pour ce qui est des deux seurs du bien portant, le père du malade avait épousé la mère du bien portant et en avait eu deux filles qui étaient seurs utérines du bien portant et seurs consanguines du malade. Quand celui ci mourut, les 2/3 revinrent à ses deux filles qui étaient les tantes paternèle et maternèle du bien portant ; il revint 1/8 aux deux épouses du malade qui étaient les aïeules du bien portant ; le surplus revint aux deux seurs du malade qui étaient seurs utérines du bien portant.

7. — Coment trois frères germains ayant hérité d'une persone, l'un a-t-il pris les 2/3 et les deux autres chacun 1/6. — Réponse : La défunte était une femme qui laissa trois fils d'oncle dont le plus jeune était son époux. Celui ci prit la moitié en tant qu'époux. Le reste était à partager entre les trois frères, soit 1/6 à chacun ; cela compléta la moitié de l'époux.

8. — Coment trois individus ayant recœuilli un

héritage, l'un a-t-il pris la moitié, un autre le tiers, et le dernier 1/6. — Réponse : La mère du défunt s'était mariée trois fois. Elle épousa d'abord successivement deux frères ; du premier elle eut le défunt ; du second elle eut un fils qui était à la fois frère utérin et fils d'oncle du défunt. Du troisième mari elle eut un fils qui était simplement frère utérin. Enfin le défunt avait un autre cousin qui était fils d'un autre oncle. Les deux frères utérins reçoivent chacun 1/6. Ce qui reste, soit 2/3 est à partager entre les deux fils d'oncle qui reçoivent chacun 1/3. Celui des deux qui est frère utérin le joint à son sixième et complète ainsi sa moitié.

9. — Un home meurt en laissant un oncle paternel et un oncle maternel. Coment peut il se faire que le second hérite et non le premier. — Réponse : Un home A a un fils B. Celui ci épouse C dont il a un fils D ; cette femme C avait une fille E que A épouse et dont il a un fils F. D était oncle maternel de F, mais d'autre part B était frère cons. de F, donc D était en même temps fils du frère cons. de F. F meurt en laissant un oncle paternel et D ; celui ci hérite en tant que fils de frère, et ainsi, bien qu'il soit oncle maternel, il évince l'oncle paternel.

10. — Une femme se trouvant avec des gents qui allaient partager un héritage, leur dit : « Ne vous pressez pas, je suis enceinte. Si je mets au monde un garçon, il n'héritera pas, si je mets au monde une fille, elle héritera. » Expliquez cela. — Réponse : La défunte avait laissé son époux qui

avait droit à la moitié, sa mère $1/6$, et deux frères utérins $1/3$; le bien était ainsi épuisé. La femme qui avait parlé aux héritiers était l'épouse du père de la morte, lequel était mort en la laissant enceinte. Si elle accouche d'un garçon, celui ci sera frère consanguin, aceb et par conséquent n'aura rien puisque le bien est épuisé. Si c'est une fille, elle sera seur consanguine et aura droit à la moitié qui sera réduite au tiers par l'aoul.

11. — Coment un home étant mort en laissant 20 dinars et 20 dirhems, chacune de ses épouses a-t-elle pu recevoir un dinar et un dirhem. — Réponse : Cet home a laissé quatre épouses qui ont droit à $1/4$, deux seurs cons. $2/3$ et deux seurs ut. $1/3$. La base qui était 12 est élevée par l'aoul à 15. La part des épouses est ainsi de $3/15$ ou $1/5$. Le cinquième du bien est 4 dinars et 4 dirhems. Chaque épouse reçoit un dinar et un dirhem.

12. — Coment une femme ayant épousé successivement quatre homes a-t-elle pu recevoir de chacun d'eux en héritage la moitié de ce qu'il a laissé. — Réponse : Un home qui avait afranchi quatre esclaves est mort en laissant un fils et une fille. La fille épouse successivement les quatre afranchis ; elle hérite de chacun d'eux de $1/3$ come épouse, et du tiers de ce qui reste come patrone. Elle a donc reçu de chacun d'eux la moitié.

13. — Une femme épouse successivement trois frères et hérite de la moitié du total de leurs biens. Qu'est ce que possédait chacun d'eux. — Réponse: le premier A avait 128 dinars, le second B 8, le

troisième C 2. Total 138. A la mort de A, la femme reçoit le quart soit 32 ; le reste va aux deux frères qui ont alors B 56, C 50. A la mort de B la femme reçoit 14, le reste va à C qui a 92. A la mort de C, elle reçoit 23. Total de ce qu'elle a reçu 69.

14. — Même problème avec quatre frères A, B, C, D. — Réponse : A avait 8 dinars, B 6, C 3 D 1, total 18. A la mort de A, la femme hérite de 2, le reste va aux trois frères qui ont : B 8, C 5 et D 3. A la mort de B la femme reçoit 2, le reste va aux frères qui ont : C 8, D 6. A la mort de C, la femme reçoit 2, le reste va à D qui a alors 12. A la mort de D, la femme reçoit 3. Total de ce qu'elle a reçu 9.

15. — Même problème avec cinq frères, A, B, C, D, E. On nous informe en outre que la femme reçoit au total 24 dinars. — Réponse : A avait 16 dinars, B 13, C 9, D 3 et E 7, total 48. A la mort de A la femme reçoit 4 dinars, le reste va aux frères qui ont alors : B 16, C 12, D 6, E 10. A la mort de B elle reçoit 4, le reste va aux frères qui ont alors : C 16, D 10, E 14. A la mort de C elle reçoit 4, le reste va aux frères qui ont alors : D 16, E 20. A la mort de D elle recoit 4, le reste va à E qui a alors 32. A la mort de E elle reçoit 8. Total de ce qu'elle a reçu : 24.

Ces trois derniers problèmes sont des variétés de la *Deffâna*, l'ensevelisseuse. On peut les varier à l'infini. Reprenons le premier, celui des trois frères. Désignons leurs biens par x, y, z et faisons

les partages successifs de la même manière que ci
dessus, puis exprimons que le total reçu par la
femme est la moitié de $x + y + z$. On arrive ainsi
à la relation : $x = 8\,y + 32\,z$.

Si on voulait se doner arbitrairement x et y, ou
bien x et z, il pourrait arriver qu'on trouvât pour
le troisième bien une valeur négative. Mais si on
done à y et z des valeurs positives quelconques,
on est sûr de trouver pour x une valeur positive.
Il y a donc une infinité de solutions, seulement il
se peut que l'on soit obligé d'avoir recours à des
fractions. Par exemple, substituons aux nombres
donés, leurs moitiés 64, 4 et 1, il est évident que
les proportions restant les mêmes, la femme aura
encore la moitié du total qui sera ici 34 et demi.

Or, les Arabes évitent autant que possible les
fractions. On peut se poser come condition de ne
rencontrer aucune fraction dans ses opérations.
D'abord on n'en rencontre pas pour la division
par 4 du bien du premier mort, attendu que x est
un multiple de 8. Pour la succession du second
mort, on aura à diviser $y + 3\,x/8$ par 4 ; en remplaçant x par sa valeur, on trouve que cette quantité est égale à $4\,y + 12\,z$, lequel est toujours
divisible par 4. Enfin, pour le dernier mort on a à
diviser $z + 3\,y/4 + 21\,x/32$ par 4. En remplaçant x
par sa valeur, on trouve que cette quantité est
égale à $7\,y + 22\,z$. Il faudra que cette somme soit
divisible par 4 ; cela arrivera notamment toutes
les fois que z sera pair et que x sera un multiple de 4.

TABLE DES MATIÈRES

VALENCE. — IMPRIMERIE JULES CÉAS & FILS

www.ingramcontent.com/pod-product-compliance
Lightning Source LLC
Chambersburg PA
CBHW062029200326
41519CB00017B/4982